Début d'une série de documents
en couleur

(TYPOGRAPHIE)

BIBLIOTHÈQUE DE PHILOSOPHIE CONTEMPORAINE

ARTHUR SCHOPENHAUER

PENSÉES & FRAGMENTS

TRADUITS

Par J. BOURDEAU

VIE DE SCHOPENHAUER. — SA CORRESPONDANCE

LES DOULEURS DU MONDE
L'AMOUR — LA MORT
L'ART ET LA MORALE

SEIZIÈME ÉDITION

PARIS
ANCIENNE LIBRAIRIE GERMER BAILLIÈRE ET Cⁱᵉ
FÉLIX ALCAN, ÉDITEUR
108, BOULEVARD SAINT-GERMAIN, 108

1900

BIBLIOTHÈQUE DE PHILOSOPHIE CONTEMPORAINE
Volumes in-18; chaque vol. broché : 2 fr. 50 c.

EXTRAIT DU CATALOGUE

H. Taine.
Philosophie de l'art dans les Pays-Bas. 2ᵉ édit.

Paul Janet.
Le Matérialisme cont. 6ᵉ éd.
Philos. de la Rév. franç. 5ᵉ éd.
Les origines du socialisme contemporain. 3ᵉ édit.
La philosophie de Lamennais.

J. Stuart Mill.
Auguste Comte. 6ᵉ édit.
L'utilitarisme. 2ᵉ édit.
Corresp. avec G. d'Eichthal.

Herbert Spencer.
Classification des scienc. 6ᵉ éd.
L'individu contre l'État. 4ᵉ éd.

Th. Ribot.
La Psych. de l'attention. 4ᵉ éd.
La Philos. de Schopen. 6ᵉ éd.
Les Mal. de la mém. 12ᵉ édit.
Les Mal. de la volonté. 12ᵉ éd.
Les Mal. de la personnalité 7ᵉ éd.

Hartmann (E. de).
La Religion de l'avenir. 4ᵉ éd.
Le Darwinisme. 6ᵉ édit.

Schopenhauer.
Essai sur le libre arbitre. 7ᵉ éd.
Fond. de la morale. 6ᵉ édit.
Pensées et fragments. 16ᵉ éd.

H. Marion.
Locke, sa vie, son œuvre. 2ᵉ éd.

L. Liard.
Logiciens angl. contem. 3ᵉ éd.
Définitions géomét. 2ᵉ éd.

Leopardi.
Opuscules et Pensées.

Stricker.
Le langage et la musique.

A. Binet.
La psychol. du raisonnement.

Gilbert Ballet.
Le langage intérieur. 2ᵉ édit.

Mosso.
La peur. 2ᵉ édit.
La fatigue. 2ᵉ édit.

G. Tarde.
La criminalité comparée. 4ᵉ éd.
Les transform. du droit. 2ᵉ éd.
Les lois sociales. 2ᵉ éd.

Ch. Féré.
Dégénérescence et criminal.
Sensation et mouvement.

Ch. Richet.
Psychologie générale. 2ᵉ éd.

J. Delbœuf.
Matière brute et Mat. vivante.

A. Bertrand.
La Psychologie de l'effort.

Guyau.
La genèse de l'idée de temps.

Lombroso.
L'anthropol. criminelle. 3ᵉ éd.
Nouvelles recherches de psychiat. et d'anthropol. crim.
Les applications de l'anthropologie criminelle.

Tissié.
Les rêves. 2ᵉ édit.

J. Lubbock.
Le bonheur de vivre. (2 vol.)
L'emploi de la vie. 2ᵉ édit.

E. de Roberty.
L'inconnaissable.
Agnosticisme. 2ᵉ édit.
La recherche de l'unité. 2ᵉ éd.
Aug. Comte et H. Spencer.
Le Bien et le Mal. 2ᵉ éd.
Le psychisme social.
Les fondements de l'éthique.

Georges Lyon.
La philosophie de Hobbes.

Queyrat.
L'imagination et ses variétés chez l'enfant. 2ᵉ édit.
L'abstraction dans l'éducation intellectuelle.
Les caract. et l'éduc. morale.

Wundt.
Hypnotisme et suggestion.

Fonsegrive.
La causalité efficiente.

P. Carus.
La conscience du moi.

Guillaume de Greef.
Les lois sociologiques. 2ᵉ édit.

Gustave Le Bon.
Lois psychol. de l'évolution des peuples. 3ᵉ édit.
Psychologie des foules. 3ᵉ éd.

G. Lefèvre.
Obligat. morale et Idéalisme.

G. Danville.
Psychologie de l'amour.

G. Dumas.
Les états intellectuels dans la mélancolie.

Durkheim.
Règles de la méthode sociolog.

P. F. Thomas.
La suggestion et l'éduc. 2ᵉ éd.
La morale et l'éducation.

Dunan.
Théorie psychol. de l'espace.

Mario Pilo.
Psychologie du beau et de l'art.

R. Allier.
Philosophie d'Ernest Renan.

Lange.
Les émotions.

E. Boutroux.
Contingence des Lois de nature. 5ᵉ édit.

L. Dugas.
Le Psittacisme.
La Timidité.

C. Bouglé.
Les sciences soc. en Allem.

Marie Jaëll.
Musique et psychophysiol.

Max Nordau.
Paradoxes psycholog. 3ᵉ édit.
Paradoxes sociolog. 2ᵉ édit.
Génie et talent. 2ᵉ édit.

J. Lachelier.
Fondem. de l'induction. 3ᵉ éd.

J.-L. de Lanessan.
Morale des philos. chinois.

G. Richard.
Socialisme et science sociale.

F. Le Dantec.
Le Déterminisme biologique.
L'Individualité.

Fierens-Gevaert.
Essai sur l'art contemporain.
La tristesse contemporaine.

L. Dauriac.
Psychologie dans l'Opéra.

A. Cresson.
La morale de Kant.

Enrico Ferri.
Les criminels dans l'art et la littérature.

J. Novicow.
L'avenir de la race blanche.

G. Milhaud.
La certitude logique. 2ᵉ éd.
Le rationnel.

Herckenrath.
Esthétique et morale.

F. Pillon.
Philos. de Ch. Secrétan.

H. Lichtenberger.
Philos. de Nietzsche. 3ᵉ édit.

G. Renard.
Le régime socialiste. 2ᵉ édit.

Ossip-Lourié.
Pensées de Tolstoï.
La philosophie de Tolstoï.

M. de Fleury.
L'âme du criminel.

Anna Lampérière.
Le rôle social de la femme.

P. Lapie.
La justice par l'État.

Eug. d'Eichthal.
Social. et problèmes sociaux.

Coulommiers. — Imp. Paul BRODARD.

Robert Boucheron

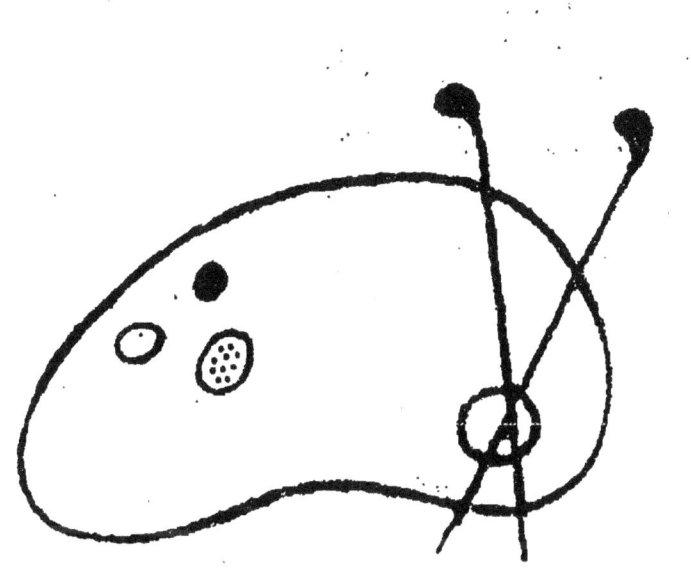

Fin d'une série de documents en couleur

PENSÉES & FRAGMENTS

A LA MÊME LIBRAIRIE

OUVRAGES DE SCHOPENHAUER

TRADUITS EN FRANÇAIS

Essai sur le libre arbitre. 1 vol. in-12, 7ᵉ édition. Traduit et précédé d'une introduction par M. Salomon Reinach. 2 50
Le fondement de la morale. 1 vol. in-12. Traduit par M. A. Burdeau. 6ᵉ édition 2 50
Aphorismes sur la sagesse dans la vie. Traduit par M. Cantacuzène. 1 vol. in-8, 6ᵉ édition . . . . 5 »
De la quadruple racine du principe de la raison suffisante. Traduit par M. Cantacuzène. 1 vol. in-8. . . 5 »
Le monde comme volonté et comme représentation. 3 vol. in-8. Traduit par M. A. Burdeau. 2ᵉ édition. Chaque volume 7 50

La philosophie de Schopenhauer, par Th. Ribot. 1 vol. in-12. 6ᵉ édition 2 50

ARTHUR SCHOPENHAUER

PENSÉES & FRAGMENTS

TRADUITS

Par J. BOURDEAU

VIE DE SCHOPENHAUER. — SA CORRESPONDANCE

LES DOULEURS DU MONDE
L'AMOUR — LA MORT
L'ART ET LA MORALE

SEIZIÈME ÉDITION

REVUE ET CORRIGÉE

Robert Boucheron

PARIS
ANCIENNE LIBRAIRIE GERMER BAILLIÈRE ET Cie
FÉLIX ALCAN, ÉDITEUR
108, BOULEVARD SAINT-GERMAIN, 108

1900

Tous droits réservés.

PRÉFACE

VIE ET OPINIONS
D'ARTHUR SCHOPENHAUER (1)

Un Montaigne allemand. — Premiers voyages. — Variété d'études. — Philosophe et gentleman. — Contrastes. — Vie réglée. — Symptômes morbides. — Maladie du siècle.

Le penseur. — Opinions sur la philosophie, la théologie, la politique, l'amour, la valeur réelle de l'existence.

L'écrivain. — Citations et emprunts. — Comment il compose.

L'homme. — Ni saint, ni ascète.

Retentissement de ses doctrines.

S'il n'y avait chez Schopenhauer que le créateur d'un nouveau système de philosophie, d'une nouvelle explication de l'inexplicable, on pourrait certes l'admirer ou le critiquer, mais on ne le lirait guère. Heureusement

---

1. *Schopenhauer's Leben* von W. *Gwinner*. Leipzig, Brockhaus, 1878.

pour sa gloire, il s'est tourné parfois vers le grand public, il lui adresse quelques-uns de ses ouvrages (1) et sollicite les suffrages des *honnêtes gens* qui ne se piquent pas de métaphysique (2). Et en effet, à côté du métaphysicien, on rencontre dans ses écrits un moraliste curieux, un humoriste original et un écrivain clair, accessible à tous, et presque populaire. Les Allemands l'admettent dans leurs bibliothèques choisies, et l'un d'eux le compare à notre Montaigne. Un Montaigne, j'y consens, pourvu qu'il soit bien entendu que c'est un Montaigne allemand. Est-il possible de concevoir un Montaigne constructeur de systèmes et abstracteur de quintessence, un Montaigne sardonique, irritable et sombre, étranger aux grâces riantes et aux joies légères? Montaigne et Schopenhauer n'ont de commun que leur curiosité universelle des hommes et des choses. L'un et l'autre ils voient le monde à travers leur esprit, leurs goûts, leur humeur. Aussi, comme pour la plupart des moralistes, la vie de Schopenhauer est-elle un commentaire de ses œuvres, souvent un commentaire à rebours: ses actes démentent ce que sa doctrine a d'excessif et d'outré, et l'auteur relève en lui ce qu'il y a de faible et de chancelant dans l'homme.

C'est un vendredi, jour néfaste, que, selon la remarque

(1) *Parerga und Paralipomena*, tel est le titre bizarre de ce livre, qu'il eût été plus simple d'intituler : « Fragments, esquisses et essais. »

(2) « La métaphysique n'est d'ordinaire que le roman « de l'âme, ce roman n'est pas si amusant que celui des « *Mille et une nuits.* » Voltaire. — Lettre à madame de Choiseul.

de M. Gwinner, Arthur Schopenhauer, le grand pessimiste, naquit à Dantzig le 22 février 1788. D'après la tradition de famille, ses ancêtres étaient Hollandais. Son père, riche négociant de la ville, avait l'esprit cultivé; il aimait les voyages et suivait en toutes choses les coutumes anglaises. Sa mère, fille du conseiller Trosiener, se fit plus tard, grâce à ses romans, un nom dans la littérature de l'époque. Dès son premier âge le jeune Arthur escorte ses parents à travers l'Allemagne, la Belgique, la Suisse, la France et l'Angleterre; à neuf ans, on l'établit au Havre, où il oublie au bout de deux années sa langue maternelle, puis on le laisse quelque temps à Londres. Les séjours à l'étranger, la fréquentation des sociétés les plus diverses lui procurent ainsi l'expérience précoce et pratique nécesssaire aux marchands, utile aux philosophes.

La mort de son père, survenue en 1804, change le cours de ses études jusque-là dirigées vers le commerce. Il ne se sent pas né pour vivre derrière un comptoir; d'ailleurs l'héritage paternel assure son indépendance et ses loisirs. A peine livré à lui-même, il se voue aux lettres, à la science, à la philosophie surtout, avec l'entrain juvénile et passionné que donnent les aptitudes natives. Il médite Kant et Platon, fréquente les Universités de Gœttingue et de Berlin, étudie la minéralogie, la botanique, l'histoire des Croisades, la météorologie, la physiologie, l'ethnologie, la jurisprudence, la chimie, le magnétisme, l'électricité, l'ornithologie, l'*amphibio*-

logie, l'ichthyologie (1), la flûte, les armes et la guitare. Que de *chosologies* une tête allemande peut contenir ! Schopenhauer s'assimila toutes ces sciences, hormis la guitare, et dut, après bien des années de stériles efforts, suspendre à un clou de sa chambre l'instrument rebelle.

N'allez pas cependant vous le figurer sous les traits de ces jeunes pédants à longue mine, troués au coude, et qui n'ont vu le monde que du fond des bibliothèques; ne l'imaginez pas non plus, selon la mode des universités allemandes, grand avaleur de bière et chercheur de duels. Il détestait la bière et les duels: nous avons même de lui, dans ses *aphorismes*, un petit traité contre les duellistes, où il dit joliment leur fait à tous les matamores passés, présents et futurs. Pas plus que les combats singuliers il n'aimait les batailles rangées, et, comme Panurge, il craignait naturellement les coups. En 1813, dans un élan de patriotisme, il achète à l'un de ses belliqueux camarades un sabre d'honneur ; il paie au lieutenant Helmholtz un uniforme et un Sophocle ; mais, quant à lui, il se tient coi et tranquille, et rumine à loisir sa thèse sur la *Quadruple racine de la raison suffisante*. A le juger par l'extérieur, c'était un jeune gentleman fort soigneux de sa mise, d'agréable tournure et de belles manières, quoique d'une contradiction fatigante et d'une impertinente franchise. On le rencontre à la comédie et à l'opéra, dans les cercles

(1) Nous abrégeons la liste officielle de tous les cours qu'il a suivis à Gœttingue et à Berlin.

aristocratiques, les sociétés lettrées de Weimar et de Dresde. Il a des entretiens avec Gœthe, il observe les saltimbanques, il assiste par faveur à une exécution capitale, et lit les hommes autant que les livres.

Il n'est rien moins qu'un ennemi des plaisirs. Tandis qu'il médite et compose à vingt-neuf ans son grand ouvrage, *le Monde comme volonté et comme représentation* (1), ce livre fameux qui conclut à l'ascétisme en vue d'amener la fin du monde par la continence absolue des sexes, il lui arrive même mésaventure qu'à Descartes ; un beau jour il lui naît un enfant naturel. Et sur ces entrefaites, son livre étant achevé, Schopenhauer, d'un pas allègre, va se délasser en Italie et se divertir. A Venise, où il se trouvait en même temps que Byron (2), il mène comme lui joyeuse vie, et continue ses études sur la physique de l'amour, dont il devait un jour écrire la métaphysique.

Riche d'expérience et de connaissances, d'observations et d'études, mais auteur inconnu, — son livre gisait encore chez le libraire sans succès et sans écho —, il a la malencontreuse idée de venir enseigner la philosophie à l'Université de Berlin. Hegel faisait foule ; Schopenhauer parla devant des banquettes à peu près vides. Il enrage, il s'obstine et ne trouve à la fin d'ins-

(1) Cet ouvrage parut en 1819.

(2) Il se plaisait à répéter cette boutade de Byron : *The more I see of men, the less I like them ; if I could say so of women too, all would be well.* « Plus je vois les hommes, moins je les aime ; si je pouvais en dire autant des femmes, tout serait pour le mieux. »

crits à son cours que trois pe'és et un tondu : un maître de manège, un changeur, un dentiste et un capitaine en retraite. De là peut-être l'amertume de ses diatribes contre l'enseignement officiel des professeurs de philosophie. Hegel ne fut pas seul à troubler son repos : une vieille fille sa voisine, couturière de profession, gagna contre lui un procès en indemnité pour coups et blessures. La lutte homérique du philosophe et de la commère n'occupe pas moins de vingt-cinq pages in-octavo dans la solide biographie de M. Gwinner.

En 1831, le choléra le chasse de Berlin, de même qu'il chassait de Naples Leopardi, le poète de l'*Infelicità*. Singulier rapprochement que cette terreur presque simultanée du choléra chez ces deux pessimistes ! C'est que, tout en proclamant bien haut en strophes sonores ou en prose admirable que le monde est une comédie dont le jeu ne vaut pas la chandelle, et l'homme un piètre acteur en guenilles qui balbutie un mauvais rôle, ils tiennent à ces chandelles, à cette farce, à ces guenilles ; ils ont horreur, comme vous et moi, plus encore peut-être que vous et moi, du dénoûment tragique. A la moindre alerte, eux de fuir à toutes jambes.

Notre « cholérophobe de profession », comme il s'intitulait lui-même, s'arrête enfin à Francfort (1) : il y a passé en prospère santé ses vingt-neuf dernières

---

(1) C'est là qu'il a écrit et publié, en 1851, à l'âge de soixante-trois ans, ses *Parerga und Paralipomena*, série d'essais destinés au grand public.

années. Un matin, le 23 septembre 1860, comme il s'habillait, la mort le saisit brusquement à la gorge et le coucha sur le parquet. Il avait soixante-douze ans.

Sa vie de célibataire et de rentier est d'une monotonie si automatique, qu'on la connaît quand on connaît une de ses journées. Se lever vers huit heures, s'éponger à l'anglaise, préparer son café, s'attabler au travail et écrire dans toute la fraîcheur des idées matinales, jouer ensuite un petit air de flûte avant d'endosser son habit, d'ajuster son jabot et sa cravate blanche ; dîner à table d'hôte, sieste, promenade ; lire le *Times*, puis quelques bons vieux auteurs ; souper, théâtre, excellent sommeil. Il est aussi ménager de sa fortune que de l'emploi de son temps, et double à la longue son capital.

A côté de ce bon sens pratique, de ces habitudes réglées, on peut noter en lui plus d'un symptôme morbide, et ce coin de folie qui n'est pas rare chez les esprits supérieurs. *Nullum magnum ingenium sine mixtura dementiæ*, a dit Sénèque. Peut-être, à l'égard de Schopenhauer, la nature avait-elle un peu forcé la dose. Il semble tenir de l'hérédité son humeur violente, ses terreurs sans cause, ses manies sans nombre, ses défiances et ses ombrages. On en retrouve la trace chez ses ascendants paternels et maternels. Il est certain que son père s'est tué dans une attaque de mélancolie noire. Lui-même, dès sa première jeunesse, est sujet à d'étranges lubies. Reçoit-il une lettre, il s'effraie, prévoit un malheur : la nuit, au moindre bruit, il s'éveille, se jette sur ses pistolets. Il prend mille précautions contre les maladies, les accidents de toute sorte, il habite un premier étage pour mieux échapper en cas d'incendie ; il tremble au contact d'un rasoir qui n'est pas le sien ; il serre soigneusement ses tuyaux de pipe, et dans les hôtels, il a soin d'apporter son verre, de peur que certains lépreux ne s'en servent. Son or est dissimulé dans des cachettes ; ses billets, fourrés par précaution au milieu des vieilles lettres ou sous des formules d'apothicaire ; pour dérouter la curiosité, ses comptes, ses notes d'affaires sont rédigés en grec et en latin. Que n'a-t-il emprunté cette devise à l'un de nos vieux satiriques : *Je ne crains rien, fors le danger ?* — Il se croyait victime d'une persécution, et voyait une vaste conspiration du silence autour de son œuvre, ourdie par les professeurs de philosophie, aimant mieux les supposer malveillants qu'indifférents. Par une contradiction singulière il redoutait la critique des professeurs de philosophie sur ses ouvrages : « Que dans peu de temps les « vers rongent mon corps, c'est une pensée que je puis « supporter ; mais que les professeurs de philosophie « rongent ma philosophie, j'en frissonne d'avance. »

Autre symptôme non moins grave, c'est la manie raisonnante : il raisonne sur tout, sur son grand appétit, sur le spiritisme, le clair de lune, l'amour grec, sur les songes et les présages. Une nuit, la servante rêve qu'elle essuie des taches d'encre, et ce même matin, par mégarde, Schopenhauer répand son encrier. Etrange concordance ! notre philosophe en est frappé : *Alles was geschieht, geschieht nothwendig !* (*Tout ce qui arrive, arrive nécessairement*), s'écrie-t-il d'un ton solennel ; aussitôt de cette bouteille à l'encre sort tout un système (1) :

Et le raisonnement en bannit la raison.

Des traits pareils ne donneraient-ils pas l'envie de confier aux médecins aliénistes le soin d'écrire l'histoire de la philosophie. On s'apercevrait alors avec étonnement que ceux qui passent parmi les hommes pour des devins et des sages se sont montrés par moments et par accès des fous plus fous que les autres.

Comment expliquer le succès tardif mais réel, le retentissement subit de la philosophie de Schopenhauer ? C'est qu'il est possédé de la folie de son temps, cette folie que l'on a si justement appelée la maladie du pessimisme (2), ou encore la maladie du siècle : *der Weltschmerz*, la douleur du monde, cette folie qui compte tant de victimes de Werther à René, de Childe-Harold à Rolla, et d'illustres malades : Byron, Musset, Henri Heine, rieurs attristés, viveurs blasés, sceptiques nuageux, révoltés lyriques qui adorent la vie et la maudissent. Schopenhauer est le théoricien de cette école de poètes. Ce qu'il y a chez lui d'original et de piquant, c'est que, placé entre deux époques, l'une de scepticisme aride, l'autre de mysticisme et d'emphase, il les rapproche et en apparence les concilie. On avait trop ri

(1) *Parerga*, 3e édit., I, p. 270.
(2) V. *le Pessimisme au XIXe siècle*, par E. Caro. Hachette, 1878.

au dix-huitième siècle, le siècle de Voltaire au rire sec et strident. Le dix-neuvième commence avec la lassitude d'un lendemain d'orgie. C'est là ce qui caractérise la renaissance romantique et néo-chrétienne de la Restauration : le diable d'hier se fait ermite. « Faites-vous ermite, » telle est justement la conclusion dernière du système de Schopenhauer. Au lieu de laisser Candide, désabusé par une cruelle expérience et guéri de ses illusions, cultiver en paix son jardin, il lui met entre les mains la *Vie de Rancé* par Chateaubriand et lui conseille de se faire trappiste : il arrache Mlle Cunégonde à sa pâtisserie et lui propose en exemple la *Vie de sainte Élisabeth de Hongrie* par Montalembert (1). Pour être surprenante, cette conclusion n'en est pas moins fort logique. Car si le monde est, comme il l'affirme, une si profonde vallée de larmes, une si épaisse forêt de crimes, il n'y a qu'une issue, qu'un défilé pour en sortir dignement, ainsi qu'il convient à un sage ; non point par la porte sanglante du suicide, mais par les voies austères de l'ascétisme chrétien, ou plutôt de l'ascétisme bouddhique (2), renoncement plus grandiose encore, puisqu'il mène à l'espoir du néant. Schopen-

---

(1) Dans les dernières pages de son ouvrage philosophique, Schopenhauer recommande en effet ces deux ouvrages sur Rancé et sainte Élisabeth à la méditation de ses lecteurs.

(2) Interprète éloquent des idées bouddhistes, Schopenhauer nous offre un remarquable exemple de l'affinité étrange qu'il y a entre la spéculation hindoue et la spéculation allemande : « A proprement parler, dit M. Taine, dans son essai sur le bouddhisme, les Hindous sont les seuls qui, avec les Alle-

hauer, il est vrai, s'avouait, quant à lui, incapable d'atteindre par la volonté jusqu'à ces sublimes pratiques du trappiste ou du fakir : « affaire de grâce, » comme il disait. Il ne fut, en réalité, qu'un bouddhiste de table d'hôte.

Schopenhauer est bien mieux dans son rôle, dans la sincérité de sa nature, lorsqu'il joue le Méphistophélès. A cette table de l'hôtel d'Angleterre à Francfort, où sa renommée attirait force pèlerins, au milieu de la fumée des pipes et du bruit des verres, ceux qui visitaient ce vieillard à l'œil clair et plein de malice en rapportaient l'impression d'une entrevue avec Belzébuth en personne (1). Nul n'est plus propre que ce vieux cynique à déniaiser un bon jeune homme et à faner d'un souffle glacé la fleur de son âme et de ses rêves.

mands, aient le génie méthapysique ; les Grecs, si subtils, sont timides et mesurés à côté d'eux ; et l'on peut dire, sans exagération, que c'est seulement sur les bords du Gange et de la Sprée que l'esprit humain s'est attaqué au fond et à la substance des choses. Peu importe l'absurdité des conséquences, ils ont posé les questions suprêmes, et personne, hors d'eux, n'a même conçu qu'on pût les poser. » *L'absurde de Bénarès et l'absurde d'Allemagne n'ont-ils pas un air de famille ?* disait Jacquemont.

(1) *Voir* dans la *Revue des Deux-Mondes* du 15 mars 1870, un intéressant article de M. Challemel-Lacour, où il raconte son entrevue avec Schopenhauer. « Ses paroles lentes et monotones, qui m'arrivaient à travers le bruit des verres et les éclats de gaîté de mes voisins, me causaient une sorte de malaise, comme si j'eusse senti passer sur moi un souffle glacé à travers la porte entr'ouverte du néant... Des vertiges inconnus me gagnaient... et il me sembla, longtemps après l'avoir quitté, être ballotté sur une mer houleuse, sillonnée d'horribles courants. » — Et pourtant M. Challemel-Lacour ne saurait passer pour un esprit craintif et timoré.

Je suppose qu'un petit philosophe imberbe soit allé le consulter. « Avez-vous 20,000 livres de rente ? lui eût
« demandé Schopenhauer. Non ? Abandonnez alors la
« philosophie : on doit vivre *pour* elle et non *par* elle.
« — Seriez-vous à la fois rentier et apprenti philo-
« sophe ? Il vous faut une troisième condition, mon
« jeune ami, un troisième vœu, non pas précisément le
« vœu de chasteté (un philosophe doit tout connaître,
« tout et le reste), mais le vœu de célibat ; une femme
« légitime, une famille influent plus qu'on ne croit sur
« nos jugements, sur notre liberté d'esprit. Mais fuyez
« avant tout les universités. Croyez-moi ! On y enseigne
« les doctrines que l'État patronne, et les chaires de
« philosophie sont devenues des succursales de l'Église.
« Or, retenez bien ceci, il n'y a pas plus de philosophie
« chrétienne qu'il n'y a une arithmétique chrétienne.
« Pensez donc par vous-même, après avoir lu Kant et
« Schopenhauer, votre serviteur ; vous chasserez ainsi
« de votre esprit tous les préjugés que vingt siècles de
« juiverie et de Moyen-Age y ont entassés, et vous re-
« connaîtrez que l'idée de Dieu n'est pas une idée innée,
« qu'elle vous vient sans doute du temps où madame
« votre maman vous mettait à genoux sur votre lit et,
« vous croisant les mains, vous faisait réciter votre
« prière. Copernic a chassé Dieu du ciel ; mais en réali-
« té, Dieu est partout, dans la table sur laquelle vous
« écrivez, dans la chaise où repose votre très-noble
« dos. N'allez pas au moins, devenir matérialiste comme
« les garçons coiffeurs ou les élèves en pharmacie ;

« évitez également d'être un pur esprit, vous ressem-
« bleriez trop à ces têtes d'anges ailées mais sans
« corps que l'on admire dans les tableaux de piété.
« Ne cessez d'étudier les sciences, édifiez votre phi-
« losophie sur les faits, — à ce prix vous serez philo-
« sophe (1). Allez, et que Bouddha vous ait en sa sainte
« garde ! »

A un théologien frais et rose au sortir du séminaire Schopenhauer eût dit : « Jeune homme, nous ne pou-
« vons nous entendre. Sans doute j'aime, je révère le
« pessimisme des trappistes, mais je n'ai rien de com-
« mun avec la théologie. Je ne conteste pas vos bien-
« faits, loin de là. Assurément, vous et moi nous cher-
« chons à satisfaire cet éternel besoin de l'homme que
« vous appelez le besoin religieux et que j'appelle le
« besoin métaphysique, mais vous vous adressez à la
« foule sous le voile de l'allégorie et du brillant symbole,
« vous prenez des mines terribles et solennelles pour
« en imposer aux enfants dont la raison sommeille
« encore, tandis que le véritable philosophe parle au
« petit nombre des intelligences viriles le simple et
« mâle langage de la vérité abstraite et nue. Mais dites-
« moi, je vous prie, quelle diantre de nécessité vous
« pousse à réclamer les suffrages de la philosophie?
« N'avez-vous pas tout pour vous ? révélation, textes
« sacrés, miracles, prophéties, un haut rang dans

---

(1) Cf. surtout *Parerga*, t. I. *Zur Kantcishen Philosophie.
Ueber die Universitaets-Philosophie*, passim.

« l'État, le consentement, le respect général, mille
« églises, mille chapelles ; n'êtes-vous pas les intermé-
« diaires obligés, dès qu'on veut acheter ou mendier le
« ciel ? Outre le monopole des consolations, ne possé-
« dez-vous pas le privilège inestimable d'instruire l'en-
« fance, de façonner les jeunes cerveaux pour la vie
« entière ? Et il vous faut encore l'approbation des phi-
« losophes ! Et il vous la faut à tout prix, tellement
« que jadis, quand vous étiez les maîtres, et que cette
« approbation vous manquait, vous aviez recours à des
« arguments sans réplique, la torture, le bûcher, l'*ul-
« tima ratio theologorum*. Que de victimes sur l'autel
« de votre Dieu, que de sang répandu en son nom !
« Ah ! je ne demande qu'à laisser les dieux en paix,
« pourvu toutefois qu'ils me rendent la pareille. *Ergo
« pax vobiscum* (1) ! »

Si un jeune avocat, orateur politique, tout feu et
flammes, tout gonflé de phrases rondes, d'exemples
historiques, fût venu devant lui étaler son système, Schopenhauer eût dit en fronçant le sourcil : « Et après ?
« n'espérez pas me convaincre. L'histoire, n'est-ce pas
« au fond toujours la même chose, qu'il s'agisse de
« ministres et de diplomates penchés sur une carte et
« occupés à se disputer des territoires, ou de paysans
« dans une auberge en querelle pour un lambeau de
« terre ou une partie de dés ; toujours les mêmes pas-

---

(1) Cf. *Die Welt*, vol. II, liv. I, chap. 17. *Ueber das meta-physische Bedürfniss.*

« sions, les mêmes chimères, qu'il s'agisse de noisettes
« ou de royales couronnes ? Encore si votre histoire
« était vraie. Mais le mensonge la prostitue, elle sert à
« tous les partis. Il suffit, pour s'en convaincre, de lire
« les journaux, débits publics de poison autorisé. Ce
« poison, vous le proposez à la canaille comme une
« panacée, lui promettant, en haine du christianisme,
« le bonheur sur cette terre, odieux optimistes que vous
« êtes ! Vils flatteurs, vous dites au peuple qu'il est
« souverain, mais vous savez bien que c'est un sou-
« verain éternellement mineur, dupe d'habiles filous
« que l'on appelle démagogues. Vous m'épouvantez
« quand je vous vois jouer avec les passions populaires;
« autant vaudrait manier la dynamite. Je tremble d'en
« tendre les chaînes de l'ordre légal se briser avec fracas,
« et le monstre déchaîné rugir. Ultra-réactionnaire, oui,
« je le suis par horreur de vos criailleries, de votre va-
« carme, de vos émeutes qui m'assourdissent, m'in-
» quiètent et me distraient de mes pensées, de mes
« travaux impérissables. Quand donc nous donnera-t-
« on à nous autres philosophes un philosophe couronné,
« un roi libre-penseur, un Frédéric II ? En attendant,
« que le diable vous emporte, tous tant que vous
« êtes (1) ! »

A un pauvre amoureux qui n'est que soupirs et que
larmes....... Mais nous ne voulons point détromper ici
les jeunes cœurs épris d'idéal et d'horizons bleus.

(1) Cf. surtout *Parerga*, II, chap. 9.

Quant aux lecteurs désabusés, nous les renvoyons à la *Métaphysique de l'amour* et à l'*Essai sur les femmes*. Loin de tomber aux pieds du sexe auquel il doit sa mère, Schopenhauer tombe à bras raccourcis sur ce malheureux sexe, justement parce qu'il lui doit sa mère, personne frivole, satisfaite de vivre et fort dépensière (1). Après une pareille satire, il conviendrait de lire l'apologie de M. Stuart Mill. Cet anglais utilitaire, qui, sous sa rigide armure de froide logique, cachait un cœur chaleureux, a écrit un petit livre tranchant et chevaleresque sur la *sujétion des femmes* : parce qu'il a eu la fortune de rencontrer en Mme Mill une âme d'élite, aussitôt, s'il ne tenait qu'à lui, les femmes deviendraient électeurs, juges, ministres d'État. Schopenhauer, qui n'a connu, ce semble, que les dames qui ne se font guère prier, les relègue toutes au fond d'un sérail. Il méprise la monogamie ; théoriquement, il est polygame, *tétragame* même, et ne voit qu'une objection à épouser quatre femmes, l'objection des quatre belle-mères.

Enfin, c'est à notre pessimiste qu'il faut adresser le bourgeois gras et jovial, content de lui et des autres. Mais hélas ! l'éloquence d'un Démosthène ne saurait nous persuader que le monde est mauvais quand nous le trouvons bon. Comme l'a si bien dit Prevost-Paradol, « nos joies et nos tristesses sont bien plus réglées par

---

(1) Nouvel Hamlet, il lui reprochait encore, à tort ou à raison, d'être infidèle à la mémoire d'un époux.

« les événements de notre vie et par le tour de nos
« caractères, que par la logique de nos croyances (1). »
Schopenhauer en est un remarquable exemple. Misanthrope revêche et dédaigneux dès sa jeunesse, écrivain obscur et mécontent, quand à la fin la gloire arrive, son front s'éclaircit, son humeur s'apaise, et il apprend à sourire. Le bruit et le succès de sa philosophie désenchantée l'enchantent, il ne s'en cache pas. A soixante ans il s'humanise, lui le farouche solitaire, au sein d'une petite famille de disciples zélés et dociles : le jour de sa fête arrivent les bouquets, les sonnets, une coupe en argent massif et d'autres surprises. Au concert de louanges point d'oreilles rebelles. Des jeunes gens inconnus envoient des lettres enthousiastes. Une femme, Mme Élisabeth Ney, accourt tout exprès de Berlin pour modeler son buste. Trois ou quatre artistes se disputent l'honneur de faire son portrait. Mieux que tout cela, ses livres ont des éditions nouvelles. Le *Westminster Review*, la *Revue des Deux Mondes*, le *Journal des Débats* (2), la *Rivista contemporanea*, etc., tout en cri-

---

(1) *Les Moralistes français*, p. 288.

(2) Schopenhauer écrivait en 1856, après avoir lu dans le *Journal des Débats* du 8 octobre l'article de M. Franck sur sa philosophie : « Je lui inspire une pieuse épouvante. Je vois qu'ils ont eu vent de moi. » (*Memorabilien*, p. 118.) Il disait, non sans impertinence, que la critique des journaux et des revues est faite non pas pour diriger le jugement du public, mais pour attirer son attention. Aussi, que ce jugement soit bon ou mauvais, il importe peu : « *Censura perit, scriptum manet.* »

tiquant ses doctrines, les répandent à travers l'Europe. Les hommes sont ainsi faits, je veux dire les auteurs : qu'on publie seulement leurs noms dans les gazettes, il ne leur en faut pas davantage ; les voilà réconciliés avec le monde.

Au reste, il nous semble difficile d'admettre qu'un écrivain de talent puisse être un pessimiste pratique et convaincu. Il est bien trop occupé à nous dire les choses sombres avec éclat, les choses mornes avec attrait. La vraie misère profondément sentie n'est point si artiste. A peindre d'une main si habile les douleurs humaines, Schopenhauer a dû plus d'une fois finir par les oublier, tant il se plait à revêtir sa philosophie de grande prose et à l'orner de belles images comme ces madones laides et noires que la dévotion des fidèles recouvre de riches étoffes et de rares bijoux.

Que de figures pittoresques et de sentences originales, mais aussi que de citations, que d'emprunts ! La curiosité amusée du lettré a glané à travers toutes les littératures, depuis l'espagnole jusqu'à l'hindoue ; il s'est assis au banquet des anciens, aux soupers français du dix-huitième siècle. Habile à ramasser tous les reliefs de ces délicats festins, il les sert aux Allemands comme un plat de sa façon, accommodé à une sauce métaphysique d'après le goût national. Les idées que nos auteurs français, en se jouant, laissent échapper de leurs lèvres, vite il s'en empare et les répète doctoralement. D'un de leurs mots il fait un traité. Mais ce mot,

il ne le cite pas toujours. M. Ribot (1) a relevé un passage de Chamfort qui contient en dix lignes toute la *métaphysique de l'amour*. Quand il traite de l'honneur des femmes, c'est encore un mot de Chamfort qu'il développe sans le citer : « les femmes font cause commune ; elles sont liées par un *esprit de corps*, par une espèce de confédération tacite. » — « L'honneur des sexes, dit Schopenhauer est un *esprit de corps* bien entendu. » De même, telle autre de ses pensées est due à l'inspiration de Pascal (2). Voici un rapprochement plus frappant encore. On lit dans les *Parerga* (II, 271) :
« La forme de gouvernement monarchique est la seule
« naturelle : nous en trouvons l'exemple chez les ani-
« maux même, chez les *abeilles... les grues voya-*
« *geuses.* » Saint Jérôme, dans une lettre au moine Rustique, avait dit dans les mêmes termes : « L'on a
« besoin d'un maître dans quelque art que ce soit. Les
« animaux même et les troupeaux ont des chefs qui
« les conduisent : les abeilles ont leurs rois, *les grues*
« *en ont une à leur tête.* » On le voit, les grues voyageuses de Schopenhauer viennent de loin.

Dès lors, il est aisé de se rendre compte d'un procédé de composition familier à notre écrivain ; lecteur très-soigneux, il découpe en petites notes les idées saillantes

---

(1) *Voir* le petit livre si intéressant et si complet de M. Ribot : la *Philosophie de Schopenhauer* (Germer-Baillière). V. p. 130.

(2) Cf. *Die Welt*, vol. II, p. 261-262, 4ᵉ édit., — et Pascal, éd. Havet, vol. II, p. 16-17.

qu'il rencontre sur sa route, puis il coud ces bouts de papier et les relie par un long fil philosophique. Il suffit de lire, pour s'en convaincre, son *Dialogue sur la religion*, en partie tiré des auteurs anglais et français du xviiie siècle. Quand il prend la plume, Schopenhauer se drape dans la toge romaine ; Sénèque est son maître de style, bien qu'il ait un style à lui. Il se coiffe en même temps de la perruque de Voltaire, ou de Hume, ou d'Helvétius, ou de Chamfort, qui s'ajuste assez mal à sa tête carrée. Mais comme sous ce costume bizarre et disparate le Germain reparaît vite avec ses boutades, son imagination démesurée, son ironie âpre, ses gestes violents et ses invectives dignes des éloges de M. Frauenstædt (1) ! Comme l'on voit percer à travers son style le solitaire méditatif qui n'a jamais pensé que par monologues, qui ne s'est jamais retrempé aux sources vives et jaillissantes des discussions et des causeries (2), et qui ne s'attarde que trop volontiers à se commenter lui-même, car, s'il des ailes à l'esprit, il n'en a point aux talons.

L'ensemble de ses écrits le reflète ainsi avec une netteté merveilleuse ; et si l'on admire, à travers ses

---

(1) *Voir* le passage des *Memorabilien*, où ce disciple félicite son maître de n'avoir dans la polémique rien de commun avec la bienséance française.

(2) La contradiction, l'objection même l'agaçaient au possible. Lire à ce sujet, dans les *Memorabilien*, p. 553, une lettre curieuse adressée à M. Frauenstædt. Nous la citons plus loin, p. 32.

contradictions et ses folies, l'essor de son intelligence, je ne dirai pas son génie, mais ses éclairs de génie, ses lueurs soudaines et profondes, on ne saurait non plus assez louer sa parfaite indépendance, son étonnante sincérité. Je trouve en lui d'autres qualités morales, des sentiments de pitié et des actes de bienfaisance. Il haïssait les professeurs de Berlin, mais il aimait les bêtes. Ayant fait la rencontre d'un orang-outang à la foire de Francfort, il allait chaque jour visiter cet ancêtre présumé des hommes. Touché de son air triste, il comparait le regard de cet être arrêté sur les confins de l'humanité, au regard de Moïse devant la Terre promise. Par testament, il assura une retraite à son chien, comme s'il se fût agi d'un vieil ami, d'un parent pauvre.

Schopenhauer n'a été ni un saint ni un ascète (1); les saints et les ascètes auront le droit de s'en montrer scandalisés. Mais comme il a prêché l'ascétisme, sa vie pratique ne fait pas en tous points honneur à sa doctrine.

(1) Schopenhauer a répondu d'avance à ceux qui seraient tentés de rapprocher sa vie de sa doctrine, qu'un philosophe n'a pas besoin d'être un saint, de même qu'un saint n'a pas besoin d'être un philosophe, ou un bel homme d'être un grand sculpteur, et réciproquement. « C'est, ajoute-t-il, une prétention au moins étrange d'exiger d'un moraliste qu'il ne recommande d'autres vertus que celles qu'il possède lui-même. » La philosophie, à ses yeux, n'est pas une école de vertu, car la vertu ne s'enseigne pas, non plus que le génie, — la philosophie ne doit être que le pur miroir, où le monde reflète ses formes multiples, ses aspects changeants, devant la raison humaine, qui les unit et les coordonne.

Cf. die Welt, I. p. 317 et 453.

S'il s'était borné au rôle de moraliste, d'observateur des hommes et de peintre des mœurs, on ne saurait raisonnablement exiger de lui l'austérité d'un sage. De même un poète ne doit compte au public que de ses sensations et de ses rêves, qui tiennent souvent à la couleur du ciel, au vent qui souffle, au nuage qui passe. Mais quand c'est un philosophe qui est en scène, un apôtre du renoncement, un prophète de la sombre mort, peut-être est-il juste que l'on sache quel homme a été le penseur sévère, peut-être est-il permis de mesurer à ses actes l'ardeur et l'énergie de sa conviction.

Nous n'oserions donc accuser M. Gwinner, son biographe, d'indiscrétion ou de sévérité, lorsqu'il se livre sur les habitudes privées de Schopenhauer à une minutieuse enquête, à laquelle, il est vrai, bien peu de personnes résisteraient ; il a voulu par là non pas affaiblir le goût du public pour des œuvres de haute valeur, mais mettre un terme au « *culte malsain* » dont Schopenhauer est l'objet en Allemagne.

Il ne semble pas que ce culte penche vers son déclin, si l'on en juge par le nombre toujours croissant de livres, de brochures et de dissertations sur les écrits de notre philosophe. (1) De la Russie jusqu'à l'Amérique sa

---

(1) Voir le livre de M. Laban : *die Schopenhauer-Literatur*, Leipzig, 1880. C'est un catalogue bibliographique de tous les articles et de tous les ouvrages parus sur Schopenhauer, en tous pays, et qui suffiraient à former une bibliothèque. Après Gœthe et Kant, Schopenhauer est un des auteurs qui tente le

voix éveille chaque jour de nouveaux échos : il n'a pas échappé à la gloire périlleuse et parfois compromettante de posséder des disciples, cette plaie des grands hommes. Les uns s'efforcent de rendre ses doctrines populaires, d'autres tirent de ses préceptes un catéchisme religieux, à l'usage de ceux qui nient les religions établies, d'autres voient en lui un second Lessing, un éducateur de cette nation allemande à laquelle il reproche avec tant de verve son pédantisme, sa grossièreté, sa lourdeur ; d'autres le présentent comme le précurseur de Darwin, comme le métaphysicien de l'évolution, d'autres discutent avec une gravité imperturbable ses boutades sur les femmes, d'autres enfin exagèrent son pessimisme jusqu'à l'extravagance, ils ne se contentent pas d'être pessimistes, ils sont *misérabilistes*. Mais à tous ces commentateurs, à ces interprètes plus ou moins bien inspirés, ce qui manque par-dessus tout, c'est le charme étrange et l'humour du maître.

Et comme si ce n'était pas assez d'avoir des disciples, Schopenhauer, pour comble d'infortune, est maintenant exposé aux traducteurs.

J. BOURDEAU.

---

plus les commentateurs allemands. Il avait prédit lui-même que son œuvre serait de celles qui deviennent dans la suite la source et l'occasion de centaines d'autres livres. Le monde, dit Montaigne, regorge de commentaires, mais d'auteurs, il en est grand chierté.

Nous donnons ici la liste des ouvrages où nous avons choisi les pensées et fragments qui suivent. En face de chaque indication bibliographique se trouvent les lettres abréviatives qui servent de renvois aux passages correspondants du texte original.

Die Welt als Wille und Vorstellung. (4ᵉ édition. Leipzig, 1873). 2 vol. . . . . W.

Die beiden Grundprobleme der Ethik (2ᵉ édition. Leipzig, 1860). 1 vol. . . . . E.

Parerga und Paralipomena (3ᵉ édition, Leipzig. 1874). 2 vol. . . . . P.

Aus A. Schopenhauer's handschriftlichem Nachlass (Leipzig, 1864). 1 vol. . . . . N.

A. Schopenhauer. Lichtstrahlen aus seinen Werken, von J. Frauenstædt (3ᵉ édition. Leipzig, 1874). 1 vol. (pensées détachées extraites de tous les ouvrages de Schopenhauer) . . . . L.

A. Schopenhauer. Von ihm. Ueber ihn, von Lindner; *Memorabilien*, von Frauenstædt (Berlin, 1863) 1 vol. M.

Schopenhauer's Leben, von Gwinner (Leipzig, 1878). 1 vol . . . . G.

FRAGMENTS DE CORRESPONDANCE

La philosophie de Schopenhauer. — Révolution de 1848. — Le choléra. — Idées de mariage. — Magnétisme. — Enthousiasme des premiers disciples. — L'épopée des portraits. — Haine contre les professeurs de philosophie, les matérialistes et les spiritualistes. — Éloge de Bichat. — Opinion sur M. Taine, M. Littré, etc.

Rien ne peint mieux Schopenhauer que sa correspondance (1) avec M. Frauenstaedt, le plus zélé de ses disciples, son *vieil apôtre*, son *cher apôtre*, comme il l'appelle. Il s'y montre à découvert, tout pénétré du sentiment de son importance et de son génie, et cela avec une naïveté, une verve gouailleuse et emportée, des colères et des boutades, qui lui donnent sa physionomie.

La patience n'était pas sa qualité dominante ; c'est avec une ironie brusque et mordante qu'il gourmande « le cher apôtre » qui se permet des doutes et des objections.

1. Publiée à la fin des *Memorabilien*.

Francfort-sur-le-Mein, 21 août 1852.

« Je dois, mon cher ami, me représenter tous les nombreux, les grands services que vous m'avez rendus en faisant connaître ma philosophie, pour ne pas perdre patience et rester maître de moi, en lisant votre dernière lettre. Ce qu'il y a de pis, c'est qu'en répondant à vos deux dernières lettres, j'ai absolument perdu mon temps et ma peine ; de tout ce que j'ai dit, de tout ce que j'ai cité, vous n'avez tenu aucun compte, afin de pouvoir mieux persister sans trouble dans cette véritable exaltation d'absurdité !

« C'est ainsi, par exemple, que vainement je vous ai dit de ne pas chercher *la chose en soi* à *Wolkenkukuksheim*, la cité des coucous dans les nuages où réside le Dieu des Juifs, mais dans les choses de ce bas monde, par conséquent dans la table sur laquelle vous écrivez, et dans la chaise sous votre très-digne.....

« Bien plus, vous me dites qu'il y a contradiction « entre ce que je dis de la *chose en soi*, et l'idée de la *chose en soi !* »

« Parfaitement, il y a contradiction éternelle entre *votre* manière de comprendre la *chose en soi* et la façon dont je la comprends, et la contradiction réside dans votre définition *a priori*, à savoir que la *chose en soi* est « *l'être éternel, immuable, incréé !* »

« Ce serait là *la chose en soi ?*

« Pourquoi pas le diable aussi ?

« Ce que cela est, je vais vous le dire : c'est l'*Absolu* que chacun connaît, c'est-à-dire la preuve cosmologique déguisée, cette preuve sur laquelle chevauche le Dieu des Juifs. Vous marchez devant Lui comme le roi David devant l'arche, dansant et chantant : « *aut, aut* » d'un air de triomphe.

« C'est Lui pourtant, malgré la fameuse et solide définition que vous venez de donner, c'est Lui que Kant a joliment décapité ; de sorte que pour mon compte je n'ai reçu qu'un mort inerte : mais s'il m'arrive de sentir, comme dans votre lettre, la puanteur du cadavre me monter au nez, alors je me fâche. Vous avez voulu lui mettre un masque, et lui donner un nouveau titre; mais comme vous les avez volés à la garde-robe de Kant, je réclame. Laissez-lui donc le même nom que vos autres camarades, qui entendent la philosophie comme vous, appelez-le, par exemple, le *supra-sensible,* la *divinité,* l'*infini,* le *premier principe,* ou mieux encore avec Hegel, « l'*Idée* !! l'*Hidée* ! »—Allons donc ! nous savons pourtant bien tout ce qu'il y a derrière les mots : c'est *Monsieur de l'Absolu* ; quand on l'empoigne et qu'on lui demande : « D'où viens-tu donc, mon gaillard ? » il répond : « Question impertinente ! je suis parbleu Monsieur de l'Absolu qui n'a de comptes à rendre à personne : c'est la conséquence logique de mon nom. »

« C'est Monsieur de l'Absolu !
« Cela veut dire c'est le vieux Juif ;
« ὅς εποιησε τον ούρανον και την γην
« ἐν ἀρχη, αμην, αμην !
« Il a créé le ciel et la terre
« Au commencement. Amen, amen !

« Partant de cette définition, voici que vous argumentez tout à votre aise.....

«Ma philosophie ne parle jamais de *Wolkenkukuksheim,* mais de ce monde : c'est-à-dire qu'elle est immanente et non transcendante. Elle déchiffre le monde placé sous nos yeux, comme des hiéroglyphes, dont j'ai trouvé la clef dans la volonté. Elle montre l'enchaînement de toutes les parties. Elle dit ce qu'est le phénomène et ce qu'est *la chose en soi* ; mais seulement dans leurs rapports réciproques. En outre, elle considère le monde comme un phénomène cérébral. Mais ce qu'est la *chose en soi* en dehors de cette relation, je ne l'ai jamais dit, parce que je n'en sais rien......

Et enfin je vous souhaite bon voyage pour *Wolkenkukuksheim !* Saluez le vieux Juif de ma part et de la part de Kant, il nous connaît..... » (M. 553.)

« ... Voyez vous, dit ailleurs Schopenhauer, on ne peut pas servir à la fois Dieu et le Diable : il faut être conséquent et prendre parti ; on doit avoir une conviction et l'exprimer, et non vaciller comme un feu follet... On doit savoir si l'on veut dire une chose, ou ne pas la dire; puis si l'on veut la dire clairement ou non... »

C'est là le langage d'un esprit sincère, ennemi du subterfuge et de l'équivoque.

Le seul progrès des idées, qu'il se flattait d'avancer par sa philosophie, importait à Schopenhauer. Le mouvement politique lui semblait d'ordre tout à fait secondaire et inférieur, et il ne s'y intéressait que dans la mesure de sa sécurité personnelle. Les événements de 1848 qu'il vit de fort près à Francfort ne contribuèrent pas peu à fortifier chez lui le sentiment conservateur et le dégoût du populaire.

Francfort, 2 mars 1849.

« Mon cher docteur Frauenstaedt,

« ..... Ma santé est bonne comme par le passé, mon chien Atma vous salue le plus poliment du monde. Mais quelles épreuves n'avons-nous pas traversées ! figurez-vous, au 18 septembre, une barricade sur le pont, et la canaille massée devant ma maison, visant et tirant sur la troupe, et la maison ébranlée par la fusillade. Tout à coup, voix et détonations devant la porte de ma chambre fermée à clef ; moi, pensant que c'est la canaille souveraine, je pousse le verrou : on frappe à coup redoublés : puis j'entends la petite voix de ma bonne : « *c'est seulement quelques autrichiens !* » Aussitôt j'ouvre à ces dignes amis : vingt soldats du régiment de Bohême, aux culottes bleues, se précipitent pour tirer de mes fenêtres sur la canaille souveraine ; mais il s'avisent qu'ils peuvent tirer plus commodément de la maison voisine. L'officier est monté au premier étage pour reconnaître le tas de gueux derrière la barricade : je m'empresse de lui envoyer ma grande lorgnette d'opéra, celle-là même avec laquelle vous regardiez un jour le ballon, ... et ψυχων σοφων τουτ' εστι φροντιςτηριον ! — Aristophane, Nuées.

« Que le ciel vous conserve, digne ami, en vie et santé ! »
ARTHUR SCHOPENHAUER.   (M. 491)

Par testament, Schopenhauer a légué sa fortune à la caisse de secours fondée à Berlin en faveur des soldats blessés pour la défense de l'ordre dans les émeutes de 1848 et de 1849, — de leurs veuves et de leurs orphelins.

Avec les Révolutions, ce qu'il craignait le plus au monde c'était le choléra. En face de l'idée de la mort, il a quelque peine à garder cette sérénité que devrait inspirer son système, si tout système de philosophie n'était pas, comme il le remarque lui-même, une pure affaire de théorie, de spéculation idéale, qui, dans la pratique de la vie, ne tire pas à conséquence.

Francfort, le 23 septembre 1853.

« Très-cher ami, Je souhaite tout d'abord que la présente vous trouve en bonne santé. Quoi ! vous avez eu une attaque de choléra ! et quand ce n'aurait été qu'une cholérine, ce n'en est pas moins à mes yeux un accident effroyable, car je suis cholérophobe de profession, et c'est par cette raison que j'habite depuis 1831 à Francfort, citadelle contre le choléra. Faites-moi le plaisir de prendre toutes vos précautions ; et ne buvez pas de bière blanche. Moi aussi je m'abstiens de bière : Kant la détestait, il n'en buvait jamais...... » (M. 588.)

Avant de prendre son parti de vivre en célibataire, il avait été tenté à différentes reprises par l'idée du mariage, et l'on trouve dans ses cahiers la trace de ses hésitations sur ce point délicat. Il écrivait ses réflexions en anglais sur des bouts de papier. Elles sont de telle nature qu'il nous est impossible, dit son biographe, M. Gwinner, d'en faire connaître le texte exact au lecteur ; en voici le sens :

« Comme il n'avait point d'illusions, il voyait surtout dans le mariage l'avantage d'être soigné dans la vieillesse et dans la maladie, d'avoir un foyer.

« Mais aussi que d'objections! Il n'aimait ni le monde, ni les plaisirs, il n'était pas toujours de bonne humeur, il vivait avec ses pensées. Une femme serait difficilement heureuse avec lui.

« Il lui déplaisait de songer que la moitié de son revenu pourrait passer entre les mains des marchandes de modes, des lingères et des couturières.

« Enfin il considérait les inconvénients généraux du mariage : dépenses, soin des enfants, entêtement, caprices, vieillesse ou laideur au bout de quelques années, tromperies, cocuage, lubies, attaques d'hystérie, amants, et l'enfer et le diable. Aussi disait-il que le mariage est une dette contractée dans la jeunesse et qu'on paye dans l'âge mûr : il citait Balthazar Gracian (1), qui donne le titre de *chameau* à un homme de quarante ans, uniquement parce qu'il a femme et enfants; les jeunes gens en se mariant deviennent la bête de somme de leur femme; même pour les meilleurs d'entre eux, la femme qu'ils épousent est comme un péché de jeunesse qui les suit à travers la vie.

« Le philosophe a besoin de son temps. L'homme marié porte tout le poids de l'existence, le célibataire n'en a que la moitié : quiconque se consacre aux muses doit prendre ce dernier parti. Presque tous les vrais philosophes sont des célibataires, Descartes, Leibnitz, Malebranche, Kant, Spinoza.

« ... Les grands poètes, tous mariés, ont été tous malheureux. Shakespeare porta même de doubles cornes. »

« Sa devise était *matrimony, war and want!* mariage, guerre et misère. » (V. Gwinner. p. 335, 336.)

Il ne négligeait du reste aucun moyen d'embellir son

---

(1) Balthasar Gracian, jésuite espagnol, né à la fin du XVIe siècle. Lastanosa, son disciple, a recueilli dans son œuvre une suite de maximes, publiées sous ce titre : « *Oraculo manual y arte de prudencia.* » C'est un guide de l'homme du monde, pour louvoyer prudemment à travers les écueils de la vie. Schopenhauer, très-prudent de sa nature, a traduit en allemand l'œuvre du Père Jésuite.

existence, d'entretenir sa santé, d'accroître son capital. Il avait toujours quelques billets placés à la loterie, et toutes sortes de recettes de bonnes femmes contre le mal de dents, l'insomnie, etc. Nous le voyons recourir même au magnétisme.

Francfort, 1er mars 1856.

« Remercîment cordial, vieil apôtre, pour votre lettre de congratulation (le jour de sa fête). A votre aimable question j'ai à répondre que je ne sens pas encore le plomb de Saturne (1), je cours encore comme un lévrier, je me porte encore admirablement, je joue presque tous les jours de la flûte, l'été dernier, je nageai dans le Mein jusqu'au 19 septembre, je n'ai pas une infirmité, et mes yeux sont encore aussi vifs qu'au temps où j'étais étudiant. J'ai seulement l'oreille un peu paresseuse. C'est là un vice héréditaire, qui m'a tourmenté dès ma jeunesse ... (M. 676).

« Brunet (un magnétiseur, de passage à Francfort) m'avait fait espérer qu'il pourrait guérir mon oreille gauche en me magnétisant ; je me suis laissé à cinq reprises magnétiser pendant une demi-heure : mais en vain. *Provectior œtas !* — Adieu, vieil ami, bonne chance. » (M. 679).

Malgré l'insuccès il n'est pas désabusé, et croit toujours à la vertu curative du magnétisme dont il fait l'épreuve sur son chien.

« ... Dubourg, qui a une force magnétique peu commune, a bien magnétisé huit fois mon chien qui boite de la patte de devant. Je le soigne depuis neuf mois, *sed frustra*. Je suis désespéré.

« *Certiorem me reddas te valere !*
« Arthur SCHOPENHAUER. »
(M. 704)

(1) Il avait alors soixante-huit ans.

Comme le moment de la gloire s'était fait trente ans attendre, il l'accueillit avec ivresse, avec une sorte d'ingénuité sereine et d'orgueil satisfait, mais sans étonnement, tant il avait une haute opinion de lui-même, une foi profonde en son génie et la certitude d'arriver enfin au succès. Son dernier ouvrage terminé en 1851,

ne lui restait plus qu'à jouir (neuf années encore) de sa réputation toujours croissante. Une des manifestations les plus flatteuses de cette vogue soudaine, c'est la curiosité du public, l'affluence des visiteurs, leur enthousiasme, et l'empressement des artistes à le peindre pour la postérité.

F...., 29 juin 1855.

« ... J'ai reçu ici la visite de B... il s'est caché tout un jour, sous un faux nom, pour me rendre visite, dans une voiture fermée, après bien des hésitations. — En prenant congé de moi il m'a baisé la main ! j'en ai crié d'effroi !... »

(M. 652.)

F..., 28 mars 1856.

« ... R... m'a baisé la main en prenant congé de moi. — C'est là une cérémonie à laquelle je ne puis m'habituer ; et qui fait partie sans doute de ma dignité impériale...» (M. 682.)

F..., septembre 1855.

«...Reçu beaucoup de visites : le juge V... de M.., qui n'a que vingt-huit ans..... Hebler, de Berne, qui m'avait envoyé son livre sur Shylock, un jeune homme également. — Le peintre et professeur Baehr de Dresde, un brave, fin et adroit garçon, qui m'a beaucoup plu ; il connaît toutes mes œuvres très-exactement et il en est plein : il dit qu'à Dresde, on s'y intéresse beaucoup, surtout les femmes, qui, paraît-il, me lisent avec passion. — Hornstein, jeune compositeur, élève de Richard Wagner, lequel étudie aussi, paraît il, trèsassidûment mes œuvres. Hornstein est encore ici, et me témoigne un respect exagéré, par exemple il se lève de table pour aller chercher mon garçon d'hôtel favori, quand c'est lui dont j'ai besoin. Tous ces gens-là sont très-versés dans mes œuvres. — Le professeur Warnkönig de Tubingen, juriste, qui m'est connu par son *Jus naturæ*, s'est présenté à moi uniquement à table d'hôte... Warnkœnig est un bien bon, bien aimable et bien habile homme : j'ai dîné plusieurs fois avec lui. Il me dit beaucoup de choses flatteuses sur mon aspect extérieur, qui est, paraît-il, imposant ! mais un vieil anglais, qui ne sait rien de moi, me disait dernièrement la même chose.....

« ... Mon portrait est depuis quatorze jours à l'exposition ; il y a eu grande foule pour le voir, tout le monde l'admire et le trouve très-ressemblant : il n'y a qu'Emden, Kilzer et moi qui ne soyons pas de cette avis. Quoi, un portrait ?

Sicelides musæ, paulo majora canamus !

« Le dit professeur Baehr m'a confié que v. Launitz, le Phidias de Francfort, désire faire mon buste ; il m'a engagé d'une manière pressante à aller un jour visiter son atelier ; à la fin j'ai dit « oui, oui, » mais je tiens à l'étiquette, c'est Launitz qui doit venir chez moi. Après m'avoir assez longtemps attendu, il finira par dire : « Quand la montagne ne vint pas trouver le prophète, c'est le prophète qui alla vers la montagne. »

« Vous voyez que le Nil est arrivé au Caire.

« Avec des souhaits cordiaux pour votre santé.

« ARTHUR SCHOPENHAUER. »

(M. 660.)

F..., 6 juin 1856.

« ... Becker m'a envoyé son fils et son neveu, et le professeur Baehr de Dresde aussi son fils. Et cela pour que ces jeunes gens puissent se vanter dans leur vieillesse de m'avoir vu en chair et en os, et de m'avoir parlé... » (M. 691.)

F..., 11 juillet 1856.

« ... Le professeur Baehr, de Dresde, était encore ici hier pénétré de l'enthousiasme le plus louable, il voulait changer sa belle tabatière russe en argent, contre ma vieille tabatière en cuir, mais j'ai refusé. Il m'a parlé d'un certain M. de Wilde, autrefois établi en Prusse, qui était un fanatique forcené de ma philosophie, jusqu'au jour où, âgé de quatre-vingt-cinq ans, il est mort avec mon nom sur les lèvres; Baehr me parle aussi de son fils qui lui a écrit une lettre enthousiaste après la visite qu'il m'a faite.

« Mon Bouddha, doré à neuf, brille sur sa console, et vous donne sa bénédiction. » (M. 697.)

F..., 23 septembre 1853.

« ... Ces jours passés est venu un certain Dr K..., professeur dans le duché de..., un homme grand, de quarante ans environ. Il entre, me regarde fixement si bien que je commençais à avoir peur, et il se met à crier : « Je veux vous voir ! il faut que je vous voie ! je viens pour vous voir ! » il témoigne le plus grand enthousiasme. Ma philosophie, dit-il, lui a rendu la vie. C'est charmant !... » (M. 590.)

Il a ses apôtres, ses évangélistes : « Il me plaît beau-
« coup, écrit-il, de voir mes apôtres se visiter les uns
« les autres : c'est sérieux, c'est grandiose : là où deux
« personnes sont réunies en mon nom, je suis au
« milieu d'elles. » — Tel de ses disciples est si fana-
tique qu'il écrit des lettres à des gens qu'il ne connaît pas, pour leur conseiller de lire les œuvres du maître.

Notre philosophe compte des admirateurs dans toutes les classes : c'est l'ambassadeur russe baron de Krüdner, fils de la célèbre Mme de Krüdner — c'est encore un arrière-neveu de la Charlotte de Werther. Il en vient de tous les coins d'Europe. La contagion s'étend aux officiers :

F.,.. 5 octobre 1854.

« ... Le major de Spandau me réjouit fort ; mon succès près
« des militaires à Magdebourg, Neisse, Neu-Ruppin et Span-
« dau est chose curieuse et singulière ! jusqu'alors les officiers
« s'occupaient de toute autre chose que de philosophie... »

(M. 630.)

Nous avons vu que les dames aussi se passionnaient pour ses ouvrages.

Sa figure, son extérieur le préoccupaient non moins que sa doctrine ; il attache un prix infini à ses portraits, à ses photographies, et y revient à chaque instant dans ses lettres. C'est une affaire capitale.

« ... Je vous prie, écrit-il au Dr Frauenstaedt, le 30 octobre 1851, de faire bien attention au daguerréotype que je vous envoie, et d'en avoir soin. J'en laisserais volontiers faire une demi-douzaine : mais l'artiste que nous avons ici est une brute si insupportable et si inexprimablement répugnante, que sa seule présence répand la mauvaise humeur sur mon visage. L'été dernier, à peine étais-je assis devant l'appareil, il m'agaça tellement, que je bondis tout à coup, je saisis mon chapeau et ma canne, et m'élançai dans la rue... J'ai deux autres grandes photographies, soigneusement faites, mais ce sont d'horribles caricatures. En regardant l'une d'elles avec attention, il me vint à l'idée que je ressemblais à Talleyrand ; je l'ai vu plusieurs fois, tout à mon aise, en 1808. A quelques jours de là, je me trouvai à table à côté d'un vieil anglais ; après quelques mots échangés, il me dit en confidence : « Monsieur, dois-je vous dire à qui vous ressemblez ? à Talleyrand, avec qui je me suis rencontré et entretenu souvent dans ma jeunesse. » Cela est curieux, mais littéralement vrai. Je ne veux pas vous envoyer ce portrait grimaçant... j'y parais *indignabundus* comme si je venais d'écrire mon traité sur les professeurs de philosophie.

« ... Si le ciel pouvait nous envoyer un photographe français ! avec les Allemands il n'y a rien à faire, ces ânes bâtés. »

(M. 524.)

F..., 25 août 1852.

« ... Les photographes me représentent comme beaucoup trop vieux ; aujourd'hui on a fait de moi une photographie qui me rajeunit de vingt ans : mon front et mon nez sont rendus avec une perfection qui ne sera jamais surpassée : cela est inappréciable... » (M. 553.)

F..., 2 mai 1855.

« ... Mais, Dieu soit loué, le diable s'en mêle... Voici maintenant qu'on veut me peindre à l'huile. C'est un peintre de grand mérite. Il a eu une Vénus et un Cupidon de grandeur naturelle admis à l'exposition de Paris, où l'on est si difficile. Il est français, mais il s'appelle Lunteschütz ! Déjà cet hiver il s'est assis à table d'hôte à côté de moi (évidemment avec intention). Il m'a vu plus d'une fois causer avec animation ; comme il est bon garçon, je finis par m'ouvrir à lui en toute confiance ; aussi connaît-il bien ma vraie physionomie. Ma gloire n'est venue jusqu'à lui que par les bruits de la ville ; c'est à ses frais qu'il me peint, bien qu'il se fasse d'ordinaire payer très-cher ; je lui demandai un jour ce qu'il prenait pour un portrait : environ vingt louis d'or ? lui dis-je, *plus que cela*, répondit-il... »

« Ce portrait sera exposé ici, puis il ira à l'exposition de Berlin.

« Ah ! Dieu ! comme les professeurs de philosophie se régaleront à cette vue, et toutes mes connaissances et mes nouveaux amis de Berlin... » (M. 645.)

F..., 16 octobre 1855.

« ... Mon portrait sera terminé cette semaine, il sera exposé ici quelque temps, et ira ensuite à l'exposition de Berlin. Eh ! sapristi, comme les Berlinois vont être étonnés... » (M. 644.)

F..., 23 décembre 1855.

« ... Un certain R... m'écrit de Zurich, pour m'annoncer que dans le cercle dont il fait partie mes écrits sont lus avec une telle admiration, qu'on souhaite fort posséder mon portrait, — photographie, peinture ou dessin, n'importe comment, et que l'artiste n'a qu'à l'envoyer contre remboursement. Ils ont été choisir un beau temps ! dans les jours les plus courts et les plus sombres, quand le froid et la neige rendent tout difficile. Mais je consens à m'en occuper dès que les jours seront plus clairs et plus longs. — Vous voyez que ma gloire s'étend comme un incendie, en raison non pas arithmétique, mais géométrique et même cubique, et que le Nil est arrivé au Caire. Après cela les professeurs peuvent s'obstiner à ne pas parler de moi : *frustra !*

« Je n'ai pas beaucoup changé depuis 1847 : mais moi, Emden, Kilzer, Gwinner, et ma bonne, nous sommes d'accord pour trouver que ce portrait de Lunteschütz n'est pas absolument ressemblant ; — il n'a qu'un *faux air* : et c'est ce qui fait que le grand public, et tous les autres ici le trouvent très-ressemblant. (M. 671.)

La question des portraits revient dans toutes ses lettres, c'est une véritable épopée.

F..., 17 août 1855.

«... Mon portrait, peint par Lunteschütz, est terminé et il est vendu. Wiesike s'est rencontré à temps, il l'a acheté encore sur le chevalet et payé 250 florins. Mais ce qu'il y a d'inouï, c'est qu'il m'a dit très-sérieusement ainsi qu'au peintre, qu'il voulait construire une maison pour y suspendre ce portrait ! Ce serait la première chapelle élevée en mon honneur. Récitatif : « *Oui, oui ! Sarastro règne ici* » (1). Et que ne dira-t-on pas de moi en l'année 2100 ?... » (M. 658.)

F..., 13 mai 1856.

«... Le conseiller secret Krüger veut me faire peindre par le peintre Hammel, demi grandeur naturelle comme pendant au portrait de Justinus Kerner, du même peintre, qui est placé chez moi depuis trois semaines. Ce sera la grande semaine des séances : Je ne puis m'y soustraire, afin d'obliger

---

(1) Air de la *Flûte enchantée.*

Krüger et aussi la postérité qui est encore dans les culottes de ses pères... » (M. 685.)

F..., 14 août 1856.

« ... Le portrait de Hammel est une caricature, je le lui ai dit rudement ; il est au désespoir et n'ose l'exposer. Lunteschütz me presse de lui donner encore 4 séances, pour terminer le nouveau portrait (1) : mais il fait trop chaud pour traverser le pont... » (M. 703.)

L'idée d'une chapelle, élevée en son honneur, qui souriait au grand pessimiste, n'a jamais été exécutée; l'heureux possesseur du portrait de notre philosophe s'est contenté de le suspendre dans sa bibliothèque.

Comme contraste à cette satisfaction de soi qu'il éprouve en ses dernières années de célébrité croissante, il est curieux d'opposer les rancunes féroces qu'il avait accumulées pendant les longues années d'attente, contre tous ceux qui lui portaient ombrage, et surtout contre les professeurs de philosophie : il les accuse de s'être ligués pour le tenir à l'écart, et feindre de l'ignorer. Il s'était informé près d'un juriste de ses amis, afin de savoir jusqu'à quel point il pouvait les injurier sans s'exposer à un procès en justice.

F..., 2 mars 1849.

« ... Personne que je sache n'a parlé de la seconde édition de mon traité « *sur la quadruple racine de la raison suffisante* ». Ces messieurs savent que la seule tactique qu'ils puissent m'appliquer c'est de ne pas desserrer les mâchoires, et ils agissent comme le diplomate accompli de Talleyrand, dont les traits restent absolument impassibles, quand il reçoit un coup de pied au derrière.... » (M. 490.)

(1) Ce portrait est aujourd'hui à Francfort, dans un salon de l'*Hôtel d'Angleterre*.

F..., 16 octobre 1850.

« ... Mon traité sur la philosophie des universités ressemble maintenant au cheval de bataille qui hennit dans l'écurie ; il veut sortir ! — Les professeurs de philosophie en ont fini avec leur joie ; ce sera sur eux comme une pluie de gifles. — Mais si vous ne m'aidez pas à me produire à la lumière, vrai, ce serait dommage.

« Tout est revu, *satis superque*, le manuscrit est là sur ma table, et attend l'ordre de marcher en avant, et vous vous taisez....

« Dans le journal de Gœttingue, Botz et Lotz chantent un duo sur l'important ouvrage d'un certain M. Waitly, celui-là ils n'ont garde de le tenir au secret, mais ils le laissent vivre, pour vivre eux-mêmes !

« Ce qui est plus important c'est que mon chien brun, qui maintenant a 17 mois, est aussi grand et de même taille que le pauvre défunt que vous avez connu, et avec cela c'est la bête la plus vive que j'aie jamais vue. Sur ce, je vous salue cordialement.

Votre ami,
« A. S. »   (M. 504.)

Dans sa monomanie de la persécution de la part des professeurs de philosophie il va jusqu'à prétendre qu'ils ont organisé contre lui une conspiration du silence de 1820 à 1853.

« Je soupçonne qu'au grand congrès philosophique de Gotha on a secrètement donné le mot d'ordre de ne jamais prononcer mon nom. »   (M. 505.)

On lira avec intérêt l'opinion de Schopenhauer sur différents auteurs allemands et français ; et d'abord sur l'école matérialiste de Moleschott et de Büchner. Pessimiste idéaliste, il a horreur de « *ce plat matérialisme,* « *sorti en rampant de l'œuf du basilic.* »

F..., 29 juin 1855.

« ... Enfin j'ai lu quelque chose de Moleschott dans son livre *de la circulation de la vie*. Si je n'avais pas su que le célèbre M. Moleschott en était l'auteur, je ne l'aurais pas même attribué à un étudiant, mais à un garçon coiffeur, qui aurait suivi des cours d'anatomie et de physiologie, tant ce fatras est d'une ignorance crasse, grossier, lourd, maladroit, et généralement embrouillé. Je suis enchanté maintenant d'avoir relégué tous ces gaillards-là à l'office parmi les valets. Et à ce que m'assure le Dr Mayer de Mayence, Brockhaus lui aurait donné mille louis d'or pour sa nouvelle physiologie qui n'a qu'une trentaine de pages ! Il verra ! — Même la partie physiologique du chapitre est plate et affectée. C'est en outre grossier, immoral. Et de plus il laisse sortir de sa poche la loque rouge de sa république de saltimbanques. On a très-bien fait de retirer à ce gars-là le droit de faire un cours, on ne pouvait tolérer cela. A la même école appartient un nouveau volume du Dr Büchner, sur *Force et matière*, tout à fait dans le même esprit. Je compte qu'on empêchera cet autre camarade de faire son cours... Ces coquins empoisonnent à la fois la tête et le cœur ; et ils sont ignorants comme des apprentis, bêtes et mauvais... »
(M. 652.)

F..., 15 juillet 1855.

« ... Dans ma dernière lettre je vous écrivais que je m'attendais à voir le Dr Büchner suspendu à cause de son livre *Force et matière*. A ma haute satisfaction je vois par le journal d'hier que c'est déjà fait. Il n'a que ce qu'il mérite : car ce fatras n'est pas seulement immoral au plus haut degré, il est également faux, absurde et bête : et le fond de tout cela c'est l'ignorance, fille de la paresse, de la pipe, du cigare et de la manie politique. Un homme pareil n'a rien appris si ce n'est un peu de *Clysterspritzologie*, ni philosophie, ni humanités, et avec cela il a le front et l'impudence de s'occuper de la nature des choses et de la nature du monde. De même ce Moleschott. Ils n'ont que ce qu'ils méritent ; ils portent la peine de leur ignorance... »
(M. 654.)

F..., 11 juillet 1856.

« ... J'ai feuilleté le discours de Moleschott (son discours d'ouverture à Zurich) : bavardage précieux et affecté pour masquer sa grossièreté, vieilles histoires qu'il nous rabâche. Etudiez-moi une bonne fois les principes métaphysiques de la science naturelle de Kant, puis faites un peu comprendre à ces garçons barbiers qui viennent bavarder sur « *Force et matière* », à ces fabricants de pilules et donneurs de clystères, faites-leur comprendre que les corps ne sont que des espaces que remplit la force. Ils pourront s'attirer de la considération, s'ils commencent prudemment par là, mais c'est impertinent à ce tas d'ignorants, de vouloir toucher, sans aucune étude métaphysique, au dernier fond des choses. Il faut leur frotter le nez dans leur ignorance jusqu'à ce qu'il saigne. » (M. 696.)

Autant il méprise l'école matérialiste et, comme on le verra par cette lettre, l'école spiritualiste allemande, autant il exalte l'école physiologique française fondée par Bichat (1).

F..., 12 octobre 1852.

Bichat a vécu trente ans, il est mort, il y aura bientôt soixante ans, et toute l'Europe honore son nom et lit ses ouvrages. Sur cinquante millions de bipèdes on aurait peine à rencontrer une tête pensante telle que Bichat. Assurément, depuis ses travaux, la physiologie a fait des progrès, mais sans le secours des allemands, et grâce uniquement à Magendie, Flourens, Ch. Bell et Marshal Hall ; pourtant ces progrès n'ont pas été tels, que Bichat et Cabanis en paraissent vieillis et tous les noms que je viens de citer s'inclinent quand on prononce le nom de Bichat.

Quittons maintenant cette noble société pour pénétrer dans

---

(1) Voir dans la *Revue des Deux-Mondes* du 1er mai 1880, l'article de M. Janet, *Schopenhauer et la physiologie française*. — V. aussi Ribot, *Philosophie de Shopenhauer*, p. 75.

l'auberge des saltimbanques allemands. Leur sombre arrière-pensée vous savez d'où elle vient, c'est ce cagotage, ce tartufianisme aujourd'hui si généralement répandus et cultivés avec tant de zèle dans toutes les écoles, les universités, les gymnases, les livres, les journaux.... — Au point de vue physiologique, l'effort de ces messieurs (les spiritualistes) est d'exposer comment l'âme et le corps sont deux substances essentiellement différentes, cette dernière étant logée uniquement dans la tête : en tant qu'immortelle et indivisible, elle doit porter tout son bagage d'intelligence, de sentiment, de volonté, de passions, etc., dans une noisette, contenue dans la tête en un seul point comme la monade de Leibnitz... L'âme est démontrée avec des arguments de vieille femme.

L'impudence avec laquelle on ignore Kant en tout ceci, peut me consoler de me voir ignoré... Kant et moi, nous sommes une paire d'ânes auxquels on ne prête nulle attention. Voilà la probité allemande... » (M. 565.)

D'autres jugements qu'il porte sur nos auteurs sont faits pour surprendre. M. Taine, à ses débuts, venait de publier une étude sur Jean Reynaud, écrite avec une ironie fine et transparente. Schopenhauer, qui n'a pas compris l'esprit et le sens de cette étude, prend M. Taine pour un déiste, et le traite de cagot.

F..., 17 août 1855.

« ... J'avais déjà lu l'article de la *Revue des Deux Mondes* ; et à mon avis ce Reynaud est très-près de penser comme moi, si ce n'est qu'il a conçu sa philosophie naturelle sans le secours de Kant et de la philosophie transcendentale : mais il en appelle à la misère réelle du monde, à l'innéité du caractère moral, il dit que nous avons dû exister avant la naissance, et laisse entrevoir des affinités de pensée avec le brahmanisme et le bouddhisme. Parfait, parfait ! — Son critique est un cagot achevé ; il argumente contre lui d'après le Père Malebranche et en général d'après Dieu, et de nouveau Dieu et Dieu. Partout où le Vieux Juif se laisse voir, naturellement il gâte tout : **qu'on lui ferme la porte au nez...** » (M. 657.)

M. Littré n'est pas mieux traité que M. Taine.

« L'article de Littré dans la *Revue des Deux-Mondes* sur les tables tournantes n'est qu'un bavardage superficiel et misérable, avec cela d'une ignorance crasse (1). » (M. 680.)

Il disait encore au sujet d'un article de la *Revue des Deux-Mondes*, où il était question de lui :

..., 14 août 1856.

« ... Quatre pages et demie de Taillandier sur moi, vous l'aurez lu sans doute. Bavardage français, beaucoup de détails sur la personne : et où diable a-t-il été chercher que je suis *tout étonné du bruit que font mes écrits dans le monde ?* — J'en suis si peu surpris, que Emden a raconté à Nordwall comment je lui avais prédit ma gloire future il y a vingt ans, au grand étonnement de ce dernier.... » (M. 701.)

Les lettres de Descartes et de Leibnitz sont écrites sur un autre ton, et d'un autre style. Celles de Schopenhauer ont le mérite de laisser entrevoir en son naturel l'originalité de notre personnage et la bizarrerie de ses humeurs privées. C'est moins dans sa correspondance que dans ses ouvrages, où il a mis ce qu'il avait de meilleur en lui, que l'on trouvera le penseur, le philosophe et l'écrivain.

---

(1) Schopenhau r croyait aux tables tournantes, il y voyait une application de son système; et à ce propos il avait composé ces petits vers humoristiques :

La volonté qui a fait et qui entretient le monde,
Peut aussi le gouverner.
Les tables marchent à quatre pattes.

PENSÉES ET FRAGMENTS

DOULEURS DU MONDE

I

La douleur seule est positive. — Tourments de l'existence. — Le néant préférable à la vie. — L'objet de la philosophie n'est pas de consoler. — Optimisme de Leibnitz, insoutenable. — Péché originel. — Le monde, un lieu de pénitence.

Si elle n'a pas pour but immédiat la douleur, on peut dire que notre existence n'a aucune raison d'être dans le monde. Car il est absurde d'admettre que la douleur sans fin qui naît de la misère inhérente à la vie et qui remplit le monde, ne soit qu'un pur accident et non le but même. Chaque malheur particulier paraît, il est vrai, une exception ; mais le malheur général est la règle.

De même qu'un ruisseau coule sans tourbillons, aussi longtemps qu'il ne rencontre point d'obstacles, de même dans la nature humaine, comme dans la nature animale, la vie coule inconsciente et inattentive, quand rien ne s'oppose à la volonté. Si l'attention est éveillée, c'est que la volonté a été entravée et qu'il s'est produit quelque choc. — Tout ce qui se dresse en face de notre volonté, tout ce qui la traverse ou lui résiste, c'est-à-dire tout ce qu'il y a de désagréable et de douloureux, nous le ressentons sur-le-champ, et très-nettement. Nous ne remarquons pas la santé générale de notre corps, mais seulement le point léger où le soulier nous blesse : nous n'apprécions pas l'ensemble prospère de nos affaires, et nous n'avons de pensées que pour une minutie insignifiante qui nous chagine. — Le bien-être et le bonheur sont donc tout négatifs, la douleur seule est positive.

Je ne connais rien de plus absurde que la plupart des systèmes métaphysiques qui expliquent le mal comme quelque chose de négatif ; lui seul au contraire est positif, puisqu'il se fait sentir... Tout bien, tout bonheur, toute satisfaction sont négatifs, car il ne font que supprimer un désir et terminer une peine.

Ajoutez à cela qu'en général nous trouvons les joies au-dessous de notre attente, tandis que les douleurs la dépassent de beaucoup.

Voulez-vous en un clin d'œil vous éclairer sur ce point, et savoir si le plaisir l'emporte sur la peine, ou si seulement ils se compensent, comparez l'impression de l'animal qui en dévore un autre, avec l'impression de celui qui est dévoré.

La consolation la plus efficace, dans tout malheur, dans toute souffrance, c'est de tourner les yeux vers ceux qui sont encore plus malheureux que nous : ce remède est à la portée de chacun. Mais qu'en résulte-t-il pour l'ensemble ?

Semblables aux moutons qui jouent dans la prairie, pendant que, du regard, le boucher fait son choix au milieu du troupeau, nous ne savons pas, dans nos jours heureux, quel désastre le destin nous prépare précisément à cette heure, — maladie, persécution, ruine, mutilation, cécité, folie, etc. (1).

Tout ce que nous cherchons à saisir nous résiste ; tout a sa volonté hostile qu'il faut vaincre. Dans la vie des peuples, l'histoire ne nous montre que guerres et séditions : les années de paix ne semblent que de courtes pauses, des entr'actes, une fois par hasard. Et de même la vie de l'homme est un combat perpétuel, non pas seulement contre des maux abstraits, la misère ou l'ennui ; mais contre les autres hommes. Partout on trouve un adversaire : la vie est une guerre sans trêve, et l'on meurt les armes à la main.

Au tourment de l'existence vient s'ajouter encore la rapidité du temps qui nous presse, ne nous laisse pas

---

(1) « Nous sommes des victimes condamnées toutes à la mort ; nous
« ressemblons aux moutons qui bêlent, qui jouent, qui bondissent en
« attendant qu'on les égorge. Leur grand avantage sur nous est qu'ils ne
« se doutent pas qu'ils seront égorgés, et que nous le savons. »

VOLTAIRE.

(*Note du traducteur.*)

prendre haleine, et se tient derrière chacun de nous comme un garde-chiourme avec le fouet. — Il épargne ceux-là seulement qu'il a livrés à l'ennui.

Pourtant, de même qu'il faudrait que notre corps éclatât, s'il était soustrait à la pression de l'atmosphère, de même si le poids de la misère, de la peine, des revers et des vains efforts était enlevé à la vie de l'homme, l'excès de son arrogance serait si démesuré, qu'elle le briserait en éclats ou tout au moins le pousserait à l'insanité la plus désordonnée et jusqu'à la folie furieuse. — En tout temps, il faut à chacun une certaine quantité de soucis, de douleurs, ou de misère, comme il faut du lest au navire pour tenir d'aplomb et marcher droit.

Travail, tourment, peine et misère, tel est sans doute durant la vie entière le lot de presque tous les hommes. Mais si tous les vœux, à peine formés, étaient aussitôt exaucés, avec quoi remplirait-on la vie humaine, à quoi emploierait-on le temps ? Placez cette race dans un pays de cocagne, où tout croîtrait de soi-même, où les alouettes voleraient toutes rôties à portée des bouches, où chacun trouverait aussitôt sa bien-aimée et l'obtiendrait sans difficulté, — alors on verrait les hommes mourir d'ennui, ou se pendre, d'autres se quereller, s'égorger, s'assassiner et se causer plus de souffrances que la nature ne leur en impose maintenant. — Ainsi pour une telle race nul autre théâtre, nulle autre existence ne sauraient convenir...

Dans la première jeunesse, nous sommes placés devant la destinée qui va s'ouvrir devant nous, comme les enfants devant un rideau de théâtre, dans l'attente joyeuse et impatiente des choses qui vont se passer sur la scène : c'est un bonheur que nous n'en puissions rien savoir d'avance. Aux yeux de celui qui sait ce qui se passera réellement, les enfants sont d'innocents coupables condamnés non pas à la mort, mais à la vie, et qui pourtant ne connaissent pas encore le contenu de leur sentence. — Chacun n'en désire pas moins pour soi un âge avancé, c'est-à-dire un état que l'on pourrait exprimer ainsi : « Aujourd'hui est mauvais, et chaque jour sera plus mauvais — jusqu'à ce que le pire arrive. »

Lorsqu'on se représente, autant qu'il est possible de le faire d'une façon approximative, la somme de misère, de douleur et de souffrances de toute sorte que le soleil éclaire dans sa course, on accordera qu'il vaudrait beaucoup mieux que cet astre n'ait pas plus de pouvoir sur la terre pour faire surgir le phénomène de la vie qu'il n'en a dans la lune, et qu'il serait préférable que la surface de la terre comme celle de la lune se trouvât encore à l'état de cristal glacé.

On peut encore considérer notre vie comme un épisode qui trouble inutilement la béatitude et le repos du néant. Quoi qu'il en soit, celui-là même pour qui l'existence est à peu près supportable, à mesure qu'il avance en âge, a une conscience de plus en plus claire qu'elle est **en** toutes choses un *disappointment, nay, a cheat*, **en** d'autres termes qu'elle a le caractère d'une grande mystification, pour ne pas dire d'une duperie... —

Quiconque a survécu à deux ou trois générations se trouve dans la même disposition d'esprit que tel spectateur assis dans une baraque de saltimbanques à la foire, quand il voit les mêmes farces répétées deux ou trois fois sans interruption : c'est que les choses n'étaient calculées que pour une représentation et qu'elles ne font plus aucun effet, l'illusion et la nouveauté une fois évanouies. —

Il y aurait de quoi perdre la tête, si l'on observe la prodigalité des dispositions prises, ces étoiles fixes qui brillent innombrables dans l'espace infini, et n'ont pas autre chose à faire qu'à éclairer des mondes, théâtres de la misère et des gémissements, des mondes qui, dans le cas le plus heureux, ne produisent que l'ennui ; — du moins à en juger d'après l'échantillon qui nous est connu. —

Personne n'est vraiment digne d'envie, et combien sont à plaindre. —

La vie est une tâche dont il faut s'acquitter laborieusement ; et dans ce sens, le mot *defunctus* est une belle expression. —

Imaginez un instant que l'acte de la génération ne soit ni un besoin ni une volupté, mais une affaire de réflexion pure et de raison : l'espèce humaine pourrait-elle bien encore subsister ? Chacun n'aurait-il pas eu plutôt assez pitié de la génération à venir, pour lui épargner le poids de l'existence, ou du moins n'aurait-il pas hésité à le lui imposer de sang-froid ? —

Le monde, mais c'est l'enfer, et les hommes se partagent en âmes tourmentées et en diables tourmenteurs. —

Il me faudra sans doute entendre dire encore que ma philosophie est sans consolation ; — et cela simplement parce que je dis la vérité, tandis que les gens veulent entendre dire : le Seigneur Dieu a bien fait tout ce qu'il a fait. Allez à l'église, et laissez les philosophes en repos. Du moins n'exigez pas qu'ils ajustent leurs doctrines à votre catéchisme : c'est ce que font les gueux, les philosophâtres : chez ceux-là vous pouvez commander des doctrines selon votre bon plaisir. Troubler l'optimisme obligé des professeurs de philosophie est aussi facile qu'agréable. —

Brahma produit le monde par une sorte de péché ou d'égarement, et reste lui-même dans le monde pour expier ce péché, jusqu'à ce qu'il se soit racheté. — Très-bien ! — Dans le bouddhisme, le monde naît par suite d'un trouble inexplicable, se produisant après un long repos dans cette clarté du ciel, dans cette béatitude sereine, appelée *Nirvâna* qui sera reconquise par la pénitence ; c'est comme une sorte de fatalité qu'il faut entendre au fond en un sens moral, bien que cette explication ait une analogie et une image exactement correspondante dans la nature par la formation inexplicable du monde primitif, vaste nébuleuse d'où sortira un soleil. Mais les erreurs morales rendent même le monde physique graduellement plus mauvais et toujours plus mauvais, jusqu'à ce qu'il ait pris sa triste forme actuelle. — C'est parfait ! — Pour les Grecs le monde et les dieux étaient l'ouvrage d'une nécessité insondable. — Cette explication est supportable, en ce sens qu'elle nous satisfait provisoirement. — Ormuzd vit en guerre avec Ahriman : — on peut encore admettre cela. — Mais un Dieu comme ce Jéhovah, qui *animi causâ*, pour son bon plaisir et *de gaîté de cœur* produit ce monde de misère et de lamentations, et qui encore s'en félicite et s'applaudit, avec son πάντα καλά λίαν : voilà qui est trop fort ! Considérons donc à ce point de vue la religion des Juifs comme la dernière parmi les doctrines religieuses des peuples civilisés ; ce qui concorde parfaitement avec ce fait qu'elle est aussi la seule qui n'ait absolument aucune trace d'immortalité.

Quand même la démonstration de Leibnitz serait vraie; quand même on admettrait que, parmi les mondes possibles, celui-ci est toujours le meilleur, cette démonstration ne donnerait encore aucune théodicée. Car le créateur n'a pas seulement créé le monde, mais aussi la possibilité elle-même : par conséquent, il aurait dû rendre possible un monde meilleur.

La misère qui remplit ce monde proteste trop hautement contre l'hypothèse d'une œuvre parfaite due à un être absolument sage, absolument bon, et avec cela tout puissant ; et, d'autre part, l'imperfection évidente et même la burlesque caricature du plus achevé des phénomènes de la création, l'homme, sont d'une évidence trop sensible. Il y a là une dissonance que l'on ne peut résoudre. Au contraire, douleurs et misères sont autant de preuves à l'appui, quand nous considérons le monde comme l'ouvrage de notre propre faute, par conséquent comme une chose qui ne saurait être meilleure. Tandis que, dans la première hypothèse, la misère du monde devient une accusation amère contre le créateur et donne matière à des sarcasmes, elle apparaît, dans le second cas, comme une accusation contre notre être et notre volonté même, bien propre à nous humilier. Elle nous conduit à cette pensée profonde que nous sommes venus dans le monde déjà viciés comme les enfants de pères usés de débauche, et que si notre existence est tellement misérable, et a pour dénoûment la mort, c'est que nous avons continuellement cette faute à expier. D'une manière générale rien n'est plus certain: c'est la lourde faute du monde qui amène les grandes et innombrables souffrances du monde ; et nous entendons cette relation au sens métaphysique et non physique et empirique. Aussi l'histoire du péché originel me reconcilie-t-elle avec l'ancien testament ; elle est même à mes yeux la seule vérité métaphysique du livre, bien qu'elle s'y présente sous le voile de l'allégorie. Car notre existence ne ressemble à rien tant qu'à la conséquence d'une faute et d'un désir coupable...

Voulez-vous avoir toujours sous la main une boussole sûre, afin de vous orienter dans la vie et de l'envisager sans cesse dans son vrai jour, habituez-vous à considérer ce monde comme un lieu de pénitence, comme une colonie pénitentiaire, *a penal colony*, — un ἐργαστήριον, ainsi l'avaient nommé déjà les plus anciens philosophes (*Clem. Alex. Strom.* L. III, c. 3, p. 399) et certains pères de l'Église. (Augustin. *De civit. Dei*, L. XI, c. 23). — La sagesse de tous les temps, le brahmanisme, le bouddhisme, Empédocle et Pythagore confirment cette manière de voir ; Cicéron (*Fragmenta de philosophia*, vol. 12, p. 316, éd. Bip.) rapporte que les anciens sages dans l'initiation aux mystères enseignaient: *nos ob aliqua scelera suscepta in vita superiore, pœnarum luendarum causa natos esse.* Vanini exprime cette idée de la façon la plus énergique, — Vanini qu'on a trouvé plus commode de brûler que de réfuter, — quand il dit : *Tot, tantisque homo repletus miseriis, ut si christianæ religioni non repugnaret, dicere auderem: si daemones dantur, ipsi, in hominum corpora transmigrantes, sceleris pœnas luunt (De admirandis naturæ arcanis,* dial. L, p. 353). Mais même dans le pur christianisme bien compris, notre existence est considérée comme la suite d'une faute, d'une chute. Si l'on se familiarise avec cette pensée, on n'attendra de la vie que ce qu'elle peut donner, et loin de considérer comme quelque chose d'inattendu, de contraire à la règle, ses contradictions, souffrances, tourments, misères grandes ou petites, on les trouvera tout à fait dans l'ordre, sachant bien qu'ici-bas chacun porte la peine de son existence, et chacun à sa manière. Parmi les maux d'un établissement pénitentiaire, le moindre n'est pas la société qu'on y rencontre. Ce que vaut la société des hommes, ceux-là qui en mériteraient une meilleure le sauront sans que j'aie besoin de le dire. Une belle âme, un génie, peuvent parfois y éprouver les sentiments d'un noble prisonnier d'État qui est aux galères entouré de vulgaires scélérats; et comme lui ils cherchent à s'isoler. Mais en général cette idée sur le monde nous rend capables de voir sans surprise, à plus forte raison sans indignation, ce qu'on appelle les imperfections, c'est-à-dire la misérable constitution intellectuelle et morale de la plupart des hommes que leur physionomie même nous révèle...

La conviction que le monde, et par suite l'homme sont tels qu'ils ne devraient pas exister, est de nature à nous remplir d'indulgence les uns pour les autres; qu'attendre, en effet, d'une telle espèce d'êtres? — Il me semble parfois que la manière convenable de s'aborder d'homme à homme, au lieu d'être Monsieur, Sir, etc., pourrait être : « compagnon de souffrances, *soci malorum*, compagnon de misères, *my fellow-sufferer.* » Si bizarre que cela paraisse, l'expression est pourtant fondée, elle jette sur le prochain la lumière la plus vraie, et rappelle à la nécessité de la tolérance, de la patience, à l'indulgence, à l'amour du prochain, dont nul ne pourrait se passer, et dont par conséquent chacun est redevable (1).

(1) P. II, ch. xii p. 312 et suiv.

II

Désillusions. — Vaines promesses de bonheur. — Douleurs sans trêve et sans repos, métamorphoses de la souffrance : la misère et l'ennui. — La vie est un spectacle tragi-comique, sous le règne du hasard et de l'erreur. — L'enfer du Dante et l'enfer du monde. — Dernier but et dernier naufrage.

Tandis que la première moitié de la vie n'est qu'une infatigable aspiration vers le bonheur, la seconde moitié, au contraire, est dominée par un douloureux sentiment de crainte, car alors on finit par se rendre compte plus ou moins clairement que tout bonheur n'est que chimère, que la souffrance seule est réelle. Aussi les esprits sensés visent-ils moins à de vives jouissances qu'à une absence de peines, à un état en quelque sorte invulnérable. — Dans mes jeunes années, un coup de sonnette à ma porte me remplissait aussitôt de joie, car je pensais : « Bon ! voilà quelque chose qui arrive. » Plus tard, mûri par la vie, ce même bruit éveillait un sentiment voisin de l'effroi ; je me disais : « Hélas ! qu'arrive-t-il ? » (L. 228.)

Dans la vieillesse les passions et les désirs s'éteignent les uns après les autres, à mesure que les objets de ces passions deviennent indifférents ; la sensibilité s'émousse, la force de l'imagination devient toujours plus faible, les images pâlissent, les impressions n'adhèrent plus, elles passent sans laisser de traces, les jours roulent toujours plus rapides, les événements perdent leur importance, tout se décolore. L'homme accablé de jours se promène en chancelant ou se repose dans un coin, n'étant plus qu'une ombre, un fantôme de son être passé. La mort vient, que lui reste-t-il encore à détruire ? Un jour l'assoupissement se change en dernier sommeil et ses rêves..... ils inquiétaient déjà Hamlet dans le célèbre monologue. Je crois que dès maintenant nous rêvons. — (W. II, 536.)

―――

Tout homme qui s'est éveillé des premiers rêves de la jeunesse, qui tient compte de sa propre expérience et de celle des autres, qui a étudié l'histoire du passé et celle de son époque, si des préjugés indéracinables ne troublent pas sa raison, finira par arriver à cette conclusion, que ce monde des hommes est le royaume du hasard et de l'erreur, qui le dominent et le gouvernent à leur guise sans aucune pitié, aidées de la folie et de la méchanceté, qui ne cessent de brandir leur fouet. Aussi ce qu'il y a de meilleur parmi les hommes ne se fait-il jour qu'à travers mille peines ; toute inspiration noble et sage trouve difficilement l'occasion de se montrer, d'agir, de se faire entendre, tandis que l'absurde et le faux dans le domaine des idées, la platitude et la vulgarité dans les régions de l'art, la malice et la ruse dans la vie pratique, règnent sans partage, et presque sans discontinuité ; il n'est pas de pensée, d'œuvre excellente qui ne soit une exception, un cas imprévu, étrange, inouï, tout à fait isolé, comme un aérolithe produit par un autre ordre de choses que celui qui nous gouverne. — Pour ce qui est de chacun en particulier, l'histoire d'une vie est toujours l'histoire d'une souffrance, car toute carrière parcourue n'est qu'une suite non interrompue de revers et de disgrâces, que chacun s'efforce de cacher, parce qu'il sait que loin d'inspirer aux autres de la sympathie ou de la pitié, il les comble par là de satisfaction, tant ils se plaisent à se représenter les ennuis des autres, auxquels ils échappent pour le moment ; — il est rare qu'un homme à la fin de sa vie, s'il est à la fois sincère et réfléchi, souhaite recommencer la route, et ne préfère infiniment le néant absolu. (W. I. 382.)

Rien de fixe dans la vie fugitive : ni douleur infinie, ni joie éternelle, ni impression permanente, ni enthousiasme durable, ni résolution élevée qui puisse compter pour la vie ! Tout se dissout dans le torrent des années. Les minutes, les innombrables atomes de petites choses, fragments de chacune de nos actions, sont les vers rongeurs qui dévastent tout ce qu'il y a de grand et de hardi... On ne prend rien au sérieux dans la vie humaine ; la poussière n'en vaut pas la peine. — (G. 51.

Nous devons considérer la vie comme un mensonge continuel, dans les petites choses comme dans les grandes. A-t-elle promis? elle ne tient pas, à moins que ce ne soit pour montrer combien le souhait était peu souhaitable : tantôt c'est l'espérance qui nous abuse, et tantôt c'est la chose espérée. — Nous a-t-elle donné? ce n'était que pour reprendre. La magie de l'éloignement nous montre des paradis, qui disparaissent comme des visions, dès que nous nous sommes laissé séduire. Le bonheur est donc toujours dans l'avenir ou dans le passé, et le présent est comme un petit nuage sombre que le vent promène sur la plaine ensoleillée ; devant lui, derrière lui, tout est lumineux, lui seul jette toujours une ombre. (W. II. 657.)

L'homme ne vit que dans le présent, qui fuit irrésistiblement vers le passé, et s'abîme dans la mort : sauf les conséquences qui peuvent rejaillir sur le présent, et qui sont l'œuvre de ses actes et de sa volonté, sa vie d'hier est complétement morte, éteinte : aussi devrait-il être indifférent à sa raison que ce passé ait été fait de jouissances ou de peines. Le présent échappe à son étreinte, et se transforme incessamment en passé ; l'avenir est tout-à-fait incertain et sans durée... Et de même qu'au point de vue physique la marche n'est qu'une chute toujours empêchée, de même la vie du corps n'est qu'une mort toujours suspendue, une mort ajournée, et l'activité de notre esprit n'est qu'un ennui toujours combattu.... Il faut enfin que la mort triomphe : car nous lui appartenons par le fait même de notre naissance, et elle ne fait que jouer avec sa proie avant de la dévorer. C'est ainsi que nous suivons le cours de notre vie, avec un intérêt extraordinaire, avec mille soucis, mille précautions, aussi longtemps que possible, comme on souffle une bulle de savon, s'appliquant à la gonfler le plus possible et le plus longtemps, malgré la certitude qu'elle finira par éclater. (W. I. 367.)

La vie ne se présente nullement comme un cadeau dont nous n'avons qu'à jouir, mais bien comme un devoir, une tâche dont il faut s'acquitter à force de travail; de là, dans les grandes et petites choses, une misère générale, un labeur sans repos, une concurrence sans trêve, un combat sans fin, une activité imposée avec une tension extrême de toutes les forces du corps et de l'esprit. Des millions d'hommes, réunis en nations, concourent au bien public, chaque individu agissant ainsi dans l'intérêt de son propre bien ; mais des milliers de victimes tombent pour le salut commun. Tantôt des préjugés insensés, tantôt une politique subtile excitent les peuples à la guerre ; il faut que la sueur et le sang de la grande foule coulent en abondance pour mener à bonne fin les fantaisies de quelques-uns, ou expier leurs fautes. En temps de paix, l'industrie et le commerce prospèrent, les inventions font merveille, les vaisseaux sillonnent les mers et rapportent des friandises de tous les coins du monde, les vagues engloutissent des milliers d'hommes. Tout est en mouvement, les uns méditent, les autres agissent, le tumulte est indescriptible.

Mais le dernier but de tant d'efforts, quel est-il ? Maintenir pendant un court espace de temps des êtres éphémères et tourmentés, les maintenir au cas le plus favorable dans une misère supportable et une absence de douleur relative que guette aussitôt l'ennui ; puis la reproduction de cette race et le renouvellement de son train habituel. — (L. 68.)

Les efforts sans trêve pour bannir la souffrance, n'ont d'autre résultat que d'en changer la figure. A l'origine elle apparait sous la forme du besoin, de la nécessité, du souci des choses matérielles de la vie. Parvient-on, à force de peines, à chasser la douleur sous cet aspect, aussitôt elle se transforme et prend mille autres visages, selon les âges et les circonstances ; c'est l'instinct sexuel, l'amour passionné, la jalousie, l'envie, la haine, l'ambition, la peur, l'avarice, la maladie, etc., etc… Ne trouve-t-elle point d'autre accès ouvert, elle prend le manteau triste et gris de l'ennui et de la satiété, et alors, pour la combattre, il faut forger des armes. Réussit-on à la chasser, non sans combat, elle revient à ses anciennes métamorphoses, et la danse reprend de plus belle…. (W. I. 371.)

Ce qui occupe tous les vivants et les tient en haleine, c'est le besoin d'assurer l'existence. Mais cela fait, on ne sait plus que faire. Aussi le second effort des hommes est d'alléger le poids de la vie, de le rendre insensible, de *tuer le temps*, c'est-à-dire d'échapper à l'ennui. Nous les voyons, une fois délivrés de toute misère matérielle et morale, une fois qu'ils ont déchargé leurs épaules de tout autre fardeau, se devenir à charge à eux-mêmes, et considérer comme un gain toute heure qu'ils ont réussi à passer, bien qu'au fond elle soit retranchée de cette existence, qu'ils s'efforcent de prolonger avec tant de zèle. L'ennui n'est pas un mal à dédaigner : quel désespoir il finit par peindre sur le visage! Il fait que les hommes qui s'aiment si peu entre eux, se recherchent pourtant si éperdûment, il est la source de l'instinct social. L'État le considère comme une calamité publique, et par prudence prend des mesures pour le combattre. Ce fléau, non moins que son extrême opposé la famine, peut pousser les hommes à tous les débordements : il faut au peuple *panem et circenses*. Le rude système pénitentiaire de Philadelphie, fondé sur la solitude et l'inaction, fait de l'ennui un instrument de supplice si terrible, que pour y échapper plus d'un condamné a recours au suicide. Si la misère est l'aiguillon perpétuel pour le peuple, l'ennui l'est pour les gens du monde. Dans la vie civile, le dimanche représente l'ennui, et les six jours de la semaine la misère. — (W. I, 369.)

La vie de l'homme oscille, comme un pendule, entre la douleur et l'ennui (1), tels sont en réalité ses deux derniers éléments. Les hommes ont dû exprimer cela d'une étrange manière; après avoir fait de l'enfer le séjour de tous les tourments et de toutes les souffrances, qu'est-il resté pour le ciel ? justement l'ennui. — (L. 72.)

L'homme est le plus dénué de tous les êtres : il n'est absolument que volonté, désirs incarnés, un composé de mille besoins. Et voilà comment il vit sur la terre, abandonné à lui-même, incertain de tout, hormis de sa misère et de la nécessité qui le presse. A travers des exigences impérieuses, chaque jour renouvelées, le souci de l'existence remplit la vie humaine. En même temps un second instinct le tourmente, celui de perpétuer sa race. Menacé de tous côtés par les dangers les plus divers, ce n'est pas trop pour y échapper d'une prudence toujours en éveil. D'un pas inquiet, jetant autour de lui des regards pleins d'angoisse, il suit son chemin, aux prises avec des hasards et des ennemis sans nombre. Ainsi il allait à travers les solitudes sauvages, ainsi il va en pleine vie civilisée ; pour lui, nulle sécurité:

> Qualibus in tenebris vitæ, quantisque periclis
>   Degitur hocc'ævi, quodcunque est!
>   Lucr., II, 15.   (W. I, 368.)

(1)
> . . . . . Amaro e noia
> La vita, altro mai nulla. . . . .
>   (A se stesso.)
> Nell' imo petto, grave, salda, immota
> Come colonna adamantina, siede
> Noia immortale.
>   (*Leopardi* (Al conte Pepoli.)
>   (*Note du traducteur.*)

La vie est une mer pleine d'écueils et de tourbillons que l'homme n'évite qu'à force de prudence et de soucis, bien qu'il sache que s'il réussit à y échapper par son habileté et par ses efforts, il ne peut pourtant, à mesure qu'il avance, retarder le grand, le total, l'inévitable, l'incurable naufrage, la mort qui semble courir au devant de lui : c'est là le but suprême de cette laborieuse navigation, pour lui infiniment pire que tous les écueils auxquels il a échappé. — (W. I, 369.)

Nous sentons la douleur, mais non l'absence de douleur ; nous sentons le souci, mais non l'absence de soucis ; la crainte, mais non la sécurité. Nous sentons le désir et le souhait, comme nous sentons la faim et la soif ; mais à peine sont-ils exaucés, tout est fini, ainsi que la bouchée qui, une fois avalée, cesse d'exister pour notre sensation. Ces trois plus grands biens de la vie, santé, jeunesse et liberté, aussi longtemps que nous les possédons, nous n'en avons pas conscience, nous ne les apprécions qu'après les avoir perdus, car ce sont là aussi des biens négatifs. Nous ne remarquons les jours heureux de notre vie passée qu'après qu'ils ont fait place à des jours de douleur... — Dans la mesure où nos jouissances s'accroissent, nous devenons plus insensibles : l'habitude n'est plus un plaisir. Par cela même notre faculté de souffrir s'accroît ; toute habitude supprimée cause un sentiment pénible. Les heures s'écoulent d'autant plus rapides qu'elles sont plus agréables, d'autant plus lentes qu'elles sont plus tristes, parce que ce n'est pas la jouissance qui est positive, c'est la douleur, c'est elle dont la présence se fait sentir. L'ennui nous donne la notion du temps, la distraction nous l'ôte. Et cela prouve que notre existence est d'autant plus heureuse que nous la sentons moins : d'où il suit que mieux vaudrait en être délivrés. On ne saurait absolument imaginer une grande joie vive, si elle ne succédait à une grande misère : car rien ne peut atteindre à un état de joie sereine et durable, tout au plus parvient-on à se distraire, à satisfaire sa vanité. Aussi tous les poètes sont-ils obligés de jeter leurs héros dans des situations pleines d'anxiétés et de tourments, afin de pouvoir les en délivrer de nouveau : drame et poésie épique ne nous montrent que des hommes qui luttent, qui souffrent mille tortures et chaque roman nous donne en spectacle les spasmes et les convulsions du pauvre cœur humain. Voltaire, l'heureux Voltaire, pourtant si favorisé de la nature, pense comme moi, lorsqu'il dit : « Le bonheur n'est qu'un rêve et la douleur est réelle; » et il ajoute : « Il y a quatre-vingts ans que je l'éprouve. Je n'y sais autre chose que me résigner, et me dire que les mouches sont nées pour être mangées par les araignées, et les hommes pour être dévorés par les chagrins. »   (W. II, 659.)

La vie de chaque homme vue de loin et de haut, dans son ensemble et dans ses traits les plus saillants, nous présente toujours un spectacle tragique; mais si on la parcourt dans le détail, elle a le caractère d'une comédie. Le train et le tourment du jour, l'incessante agacerie du moment, les désirs et les craintes de la semaine, les disgrâces de chaque heure, sous l'action du hasard qui songe toujours à nous mystifier, ce sont là autant de scènes de comédie. Mais les souhaits toujours déçus, les vains efforts, les espérances que le sort foule impitoyablement aux pieds, les funestes erreurs de la vie entière, avec les souffrances qui s'accumulent et la mort au dernier acte, voilà l'éternelle tragédie. Il semble que le destin ait voulu ajouter la dérision au désespoir de notre existence, quand il a rempli notre vie de toutes les infortunes de la tragédie, sans que nous puissions seulement soutenir la dignité des personnages tragiques. Loin de là, dans le large détail de la vie, nous jouons inévitablement le piètre rôle de comiques.

(L. 75.)

Il est véritablement incroyable combien insignifiante et dénuée d'intérêt, vue du dehors, et combien sourde et obscure, ressentie intérieurement, s'écoule la vie de la plupart des hommes. Elle n'est que tourments, aspirations impuissantes, marche chancelante d'un homme qui rêve à travers les quatre âges de la vie jusqu'à la mort, avec un cortège de pensées triviales. Les hommes ressemblent à des horloges qui ont été montées et qui marchent sans savoir pourquoi; et chaque fois qu'un homme est engendré et mis au monde, l'horloge de la vie humaine est de nouveau montée pour répéter encore une fois son vieux refrain usé d'éternelle boîte à musique, phrase par phrase, mesure pour mesure, avec des variations à peine sensibles.

Chaque individu, chaque visage humain et chaque vie humaine n'est qu'un rêve de plus, un rêve éphémère de l'esprit infini de la nature, de la volonté de vivre persistante et obstinée, ce n'est qu'une image fugitive de plus qu'elle dessine en se jouant sur sa page infinie de l'espace et du temps, qu'elle laisse subsister quelques instants d'une brièveté vertigineuse, et qu'aussitôt elle efface pour faire place à d'autres. Cependant, et c'est là le côté de la vie qui donne à penser et à réfléchir, il faut que la volonté de vivre, violente et impétueuse, paie chacune de ces images fugitives, chacune de ces vaines fantaisies au prix de douleurs profondes et sans nombre, et d'une mort amère longtemps redoutée et qui vient enfin. Voilà pourquoi l'aspect d'un cadavre nous rend soudainement sérieux. (W. I, 379.)

Où Dante serait-il allé chercher le modèle et le sujet de son enfer ailleurs que dans notre monde réel ? Et pourtant, c'est bel et bien un enfer qu'il nous a peint. Au contraire, quand il s'est agi de décrire le ciel et ses joies, il se trouvait en face d'une difficulté insurmontable, justement parce que notre monde n'offre rien d'analogue. Au lieu des joies du Paradis, il fut réduit à nous faire part des instructions que lui donnèrent là ses ancêtres, sa Béatrix et divers saints. Par où l'on voit assez clairement quelle sorte de monde est le nôtre. —

(L. 189.)

L'enfer du monde dépasse l'enfer du Dante, en ce que chacun doit être le diable de son voisin : il y a aussi un archidiable, supérieur à tous les autres, c'est le conquérant qui place des centaines de mille hommes en face les uns des autres et leur crie : « Souffrir, mourir, c'est votre destinée; donc fusillez-vous, canonnez-vous les uns les autres! » et ils le font (W. II. 663.)

Si l'on mettait devant les yeux de chacun les douleurs et les tourments épouvantables auxquels sa vie est continuellement exposée; à cet aspect, il serait saisi d'effroi : et si l'on voulait conduire l'optimiste le plus endurci à travers les hôpitaux, les lazarets et les chambres de torture chirurgicales, à travers les prisons, les lieux de supplices, les écuries d'esclaves, sur les champs de bataille et dans les cours d'assises, si on lui ouvrait tous les sombres repaires où la misère se glisse pour fuir les regards d'une curiosité froide, et si enfin on le laissait regarder dans la tour affamée d'Ugolin, — alors, assurément, lui aussi finirait par reconnaître de quelle sorte est ce *meilleur des mondes possibles* (1). (L. 189.)

---

(1) « Il n'y a que violence dans l'univers ; mais nous sommes gâtés par la philosophie moderne, qui a dit *tout est bien*, tandis que le mal a tout souillé, et que dans un sens très-vrai *tout est mal*, puisque rien n'est à sa place. » J. DE MAISTRE.
(*Note du traducteur.*)

Ce monde, champ de carnage où des êtres anxieux et tourmentés ne subsistent qu'en se dévorant les uns les autres, où toute bête de proie devient le tombeau vivant de mille autres, et n'entretient sa vie qu'au prix d'une longue suite de martyres, où la capacité de souffrir croît en proportion de l'intelligence, et atteint par conséquent dans l'homme son degré le plus élevé ; ce monde, les optimistes ont voulu l'ajuster à leur système, et nous le démontrer *a priori* comme le meilleur des mondes possibles. L'absurdité est criante. — On me dit d'ouvrir les yeux et de promener mes regards sur la beauté du monde que le soleil éclaire, d'admirer ses montagnes, ses vallées, ses torrents, ses plantes, ses animaux, que sais-je encore? Le monde n'est-il donc qu'une lanterne magique? Certes le spectacle est splendide à voir, mais y jouer son rôle, c'est autre chose. — Après l'optimiste vient l'homme des causes finales ; celui-là me vante la sage ordonnance qui défend aux planètes de se heurter du front dans leur course, qui empêche la terre et la mer de se confondre en une immense bouillie, et les tient proprement séparées, qui fait que tout ne reste pas figé dans une glace éternelle, ou consumé par la chaleur, qui, grâce à l'inclinaison de l'écliptique, ne permet pas au printemps d'être éternel et laisse mûrir les fruits, etc... Mais ce ne sont là que de simples *conditiones sine quibus non*. Car si un monde doit exister, si ses planètes doivent durer, ne fût-ce qu'un temps égal à celui que le rayon d'une étoile fixe éloignée met pour arriver jusqu'à elles, et si elles ne disparaissent pas comme le fils de Lessing immédiatement après leur naissance, il fallait que les choses ne fussent pas charpentées assez maladroitement, pour que l'échafaudage fondamental menaçât déjà de crouler. Arrivons maintenant aux résultats de cette œuvre si vantée, considérons les acteurs qui se meuvent sur cette scène si solidement machinée : nous voyons la douleur apparaître en même temps que la sensibilité, et grandir à mesure que celle-ci devient intelligente, nous voyons le désir et la souffrance marcher du même pas, se développer sans limites, jusqu'à ce qu'enfin la vie humaine n'offre plus qu'un sujet de tragédies ou de comédies. Dès lors, si l'on est sincère, on sera peu disposé à entonner l'Alleluia des optimistes. (L. 189.)

Si un Dieu a fait ce monde, je n'aimerais pas à être ce Dieu : la misère du monde me déchirerait le cœur.
(N. 441.)

Imagine-t-on un démon créateur, on serait pourtant en droit de lui crier en lui montrant sa création : « Comment as-tu osé interrompre le repos sacré du néant, pour faire surgir une telle masse de malheur et d'angoisses ? »
(N. 441.)

A considérer la vie sous l'aspect de sa valeur objective, il est au moins douteux qu'elle soit préférable au néant ; et je dirais même que si l'expérience et la réflexion pouvaient se faire entendre, c'est en faveur du néant qu'elles élèveraient la voix. Si l'on frappait à la pierre des tombeaux, pour demander aux morts s'ils veulent ressusciter, ils secoueraient la tête. Telle est aussi l'opinion de Socrate dans l'apologie de Platon, et même l'aimable et gai Voltaire ne peut s'empêcher de dire : « On aime la vie; mais le néant ne laisse pas d'avoir du bon ; » et encore : « Je ne sais pas ce que c'est que la vie éternelle, mais celle-ci est une mauvaise plaisanterie. » (W. II, 531) (1).

———

Vouloir c'est essentiellement souffrir, et comme vivre c'est vouloir, toute vie est par essence douleur. Plus l'être est élevé, plus il souffre... La vie de l'homme n'est qu'une lutte pour l'existence avec la certitude d'être vaincu... La vie est une chasse incessante où, tantôt chasseurs, tantôt chassés, les êtres se disputent les lambeaux d'une horrible curée ; une histoire naturelle de la douleur qui se résume ainsi : vouloir sans motif, toujours souffrir, toujours lutter, puis mourir et ainsi de suite dans les siècles des siècles, jusqu'à ce que notre planète s'écaille en petits morceaux.

———

(1) « La mort est bonne, cependant il vaudrait mieux encore n'être jamais né. »
HEINE, Le livre de Lazare.
« Il faut pleurer les hommes à leur naissance et non pas à leur mort. »
MONTESQUIEU, Lettres persanes, XL.
(Note du traducteur.)

L'AMOUR

« La nature ne songe qu'au maintien de l'espèce ; et pour la perpétuer, elle n'a que faire de notre sottise. Qu'étant ivre, je m'adresse à une servante de cabaret ou à une fille, le but de la nature peut être aussi bien rempli que si j'eusse obtenu Clarisse après deux ans de soins; au lieu que ma raison me sauverait de la servante, de la fille et de Clarisse même peut-être. A ne consulter que la raison, quel est l'homme qui voudrait être père et se préparer tant de soucis pour un long avenir? Quelle femme, pour une épilepsie de quelques minutes, se donnerait une maladie d'une année entière? La nature, en nous dérobant à notre raison, assure mieux son empire : et voilà pourquoi elle a mis de niveau sur ce point Zénobie et sa fille de basse-cour, Marc Aurèle et son palefrenier. »

CHAMFORT.

MÉTAPHYSIQUE DE L'AMOUR [1]

L'amour, sujet jusqu'alors réservé aux romanciers et aux poètes. Insuffisance des philosophes qui en ont traité. Il faut l'étudier dans la vie réelle.

Son rôle, son importance, intérêt universel qu'il inspire.

Tout amour vulgaire ou éthéré a sa source dans l'instinct sexuel. Son but est la procréation d'un certain enfant déterminé : il fixe ainsi la génération future.

La nature de l'instinct est d'agir dans l'intérêt de l'espèce aux dépens de l'individu. L'instinct abuse l'être égoïste d'une illusion décevante pour arriver à ses fins. Il guide, dans l'amour, le choix de l'homme et de la femme vers les qualités physiques et morales les plus propres à assurer la reproduction, le maintien ou le redressement du type intégral de l'espèce humaine, sans aucun égard pour le bonheur des personnes.

De ce conflit entre le génie de l'espèce et les génies protecteurs des individus viennent le sublime et le pathétique de l'amour. Issue tragique de l'amour malheureux, déceptions de l'amour satisfait.

Les amants sont des traîtres qui en perpétuant la vie perpétuent la douleur.

Daphnis et Chloé, dialogue.

Sérieux de la volupté.

---

[1] W. II, p. 607.

> O vous, sages, à la science haute et profonde, qui avez médité et qui savez où, quand et comment tout s'unit dans la nature, pourquoi tous ces amours, ces baisers ; vous, sages sublimes, dites-le-moi ! Mettez à la torture votre esprit subtil et dites-moi où, quand et comment, il m'arriva d'aimer, pourquoi il m'arriva d'aimer ?
> BÜRGER.

On est généralement habitué à voir les poètes occupés à peindre l'amour. La peinture de l'amour est le sujet principal de toutes les œuvres dramatiques, tragiques ou comiques, romantiques ou classiques, dans les Indes aussi bien qu'en Europe : il est aussi de tous les sujets le plus fécond pour la poésie lyrique comme pour la poésie épique ; sans parler des innombrables quantités de romans, qui, depuis des siècles, se produisent chaque année dans tous les pays civilisés d'Europe aussi réguliers que les fruits des saisons. Tous ces ouvrages ne sont au fond que des descriptions variées et plus ou moins développées de cette passion. Les peintures les plus parfaites, Roméo et Juliette, la nouvelle Héloïse, Werther, ont acquis une gloire immortelle. Dire avec La Rochefoucauld qu'il en est de l'amour passionné comme des spectres dont tout le monde parle, mais que personne n'a vus ; ou bien contester avec Lichtenberg, dans son *Essai sur la puissance de l'amour*, la réalité de cette passion et nier qu'elle soit conforme à la nature, c'est là une grande erreur. Car il est impossible de concevoir comme un sentiment étranger ou contraire à la nature humaine, comme une pure fantaisie en l'air ce que le génie des poètes ne se lasse pas de peindre, ni l'humanité d'accueillir avec une sympathie inébranlable ; puisque sans vérité, il n'y a point d'art achevé.

Rien n'est beau que le vrai ; le vrai seul est aimable.
BOILEAU.

D'ailleurs l'expérience générale, bien qu'elle ne se renouvelle pas tous les jours, prouve qu'une inclination vive et encore gouvernable peut, sous l'empire de certaines circonstances, grandir et surpasser par sa violence toutes les autres passions, écarter toutes les considérations, surmonter tous les obstacles avec une force et une persévérance incroyables, au point que l'on risque sans hésiter sa vie pour satisfaire son désir, et même que l'on en fait bon marché, si ce désir est sans espoir. Ce n'est pas seulement dans les romans qu'il y a des Werther et des Jacopo Ortis : chaque année, l'Europe en pourrait signaler au moins une demi-douzaine : *sed ignotis perierunt mortibus illi;* ils meurent inconnus, et leurs souffrances n'ont d'autre chroniqueur que l'employé qui enregistre les décès, d'autres annales que les faits divers des journaux. Les personnes qui lisent les feuilles françaises et anglaises attesteront l'exactitude de ce que j'avance. Mais plus grand encore est le nombre de ceux que cette passion conduit à l'hôpital des fous. Enfin l'on constate chaque année divers cas de double suicide, lorsque deux amants désespérés tombent victimes des circonstances extérieures qui les séparent; pour moi, je n'ai jamais compris comment deux êtres qui s'aiment, et croient trouver dans cet amour la félicité suprême, ne préfèrent pas rompre violemment avec toutes les conventions sociales et subir toute espèce de honte, plutôt que d'abandonner la vie en renonçant à un bonheur au delà duquel ils n'imaginent rien. — Quant aux degrés inférieurs, aux légères atteintes de cette passion, chacun les a chaque jour sous les yeux et, pour peu qu'il soit jeune, la plupart du temps aussi dans le cœur.

Il n'est donc pas permis de douter de la réalité de l'amour ni de son importance. Au lieu de s'étonner qu'un philosophe cherche à s'emparer, lui aussi, de cette question, thème éternel pour tous les poètes, l'on devrait plutôt être surpris qu'une affaire qui joue dans la vie humaine un rôle si important ait été, jusqu'à présent, négligée par les philosophes, et soit là devant nous comme une matière neuve. De tous les philosophes, c'est encore Platon qui s'est le plus occupé de l'amour, surtout dans le Banquet et dans le Phèdre. Ce qu'il dit sur ce sujet rentre dans le domaine des mythes, fables et jeux d'esprit, et concerne surtout l'amour grec. Le peu qu'en dit Rousseau dans le *Discours sur l'inégalité,* est faux et insuffisant; Kant, dans la 3ᵉ partie du *Traité sur le sentiment du beau et du sublime,* aborde un tel sujet d'une façon trop superficielle et parfois inexacte comme quelqu'un qui ne s'y entend guère. Platner, dans son anthropologie, ne nous offre que des idées médiocres et journalières. La définition de Spinoza mérite d'être citée à cause de son extrême naïveté : *Amor est titillatio, concomitante idea causae externae* (*Eth.* IV, *prop.* 44, *dem.*). Je n'ai donc ni à me servir de mes prédécesseurs, ni à les réfuter. Ce n'est pas par les livres, c'est par l'observation de la vie extérieure que ce sujet s'est imposé à moi, et a pris place de lui-même dans l'ensemble de mes considérations sur le monde. — Je n'attends ni approbation ni éloge des amoureux qui cherchent naturellement à exprimer par les images les plus sublimes et les plus éthérées l'intensité de leurs sentiments : à ceux-là, mon point de vue paraîtra trop physique, trop matériel, tout métaphysique et transcendant qu'il soit au fond. Puissent-ils se rendre compte, avant de me juger, que l'objet de leur amour, qu'ils exaltent aujourd'hui dans des madrigaux et des sonnets, aurait à peine obtenu d'eux un regard, s'il était né dix-huit ans plus tôt.

Toute inclination tendre, quelques airs éthérés qu'elle affecte, plonge, en réalité, toutes ses racines dans l'instinct naturel des sexes; et même elle n'est pas autre chose que cet instinct spécialisé, déterminé, et tout à fait individualisé. Ceci posé, si l'on observe le rôle important que joue l'amour à tous ses degrés et dans toutes ses nuances, non-seulement dans les comédies et dans les romans, mais aussi dans le monde réel, où il est, avec l'amour de la vie, le plus puissant et le plus actif de tous les ressorts; si l'on songe qu'il occupe continuellement les forces de la plus jeune partie de l'humanité, qu'il est le dernier but de presque tout effort humain, qu'il a une influence perturbatrice sur les affaires les plus importantes, qu'il interrompt à toute heure les occupations les plus sérieuses, qu'il met parfois les plus grands esprits à l'envers, qu'il ne se fait pas scrupule de jeter ses frivolités au travers des négociations diplomatiques, et des travaux des savants, qu'il s'entend même à glisser ses billets doux et ses petites mèches de cheveux jusque dans les portefeuilles des ministres et les manuscrits des philosophes, ce qui ne l'empêche pas d'être chaque jour le promoteur des plus mauvaises affaires et des plus embrouillées,—qu'il rompt les relations les plus précieuses, brise les liens les plus solides, qu'il prend pour victimes tantôt la vie ou la santé, tantôt la richesse, le rang et le bonheur, qu'il fait de l'honnête homme un homme sans honneur, du fidèle un traître, qu'il semble être ainsi comme un démon malfaisant qui s'efforce de tout bouleverser, tout embrouiller, tout détruire; — on est alors prêt à s'écrier : Pourquoi tant de bruit? pourquoi ces efforts, ces emportements, ces anxiétés et cette misère ? Il ne s'agit pourtant que d'une chose bien simple, il s'agit seulement que chaque Jeannot trouve sa Jeannette (1). Pourquoi une telle bagatelle devrait-elle jouer un rôle si important et mettre sans cesse le trouble et le désarroi dans la vie bien réglée des hommes? — Mais, pour le penseur sérieux, l'esprit de la vérité dévoile peu à peu cette réponse : il ne s'agit point d'une vétille ; loin de là, l'importance de l'affaire est égale au sérieux et à l'emportement de la poursuite. Le but définitif de toute amoureuse entreprise, qu'elle tourne au tragique ou au comique, est réellement, entre les divers buts de la vie humaine, le plus grave et le plus important et mérite le sérieux profond avec lequel chacun le poursuit. En effet, ce qui est en question, ce n'est rien moins que *la combinaison de la génération prochaine*. Les *dramatis personæ*, les acteurs qui entreront en scène, quand nous en sortirons, se trouveront ainsi déterminés

---

(1) Je ne pouvais employer ici le terme propre, libre au lecteur de traduire cette phrase dans la langue d'Aristophane.

(*Note de Schopenhauer*)

dans leur existence et dans leur nature par cette passion si frivole. De même que l'être, l'*Existentia* de ces personnes futures a pour condition absolue l'instinct de l'amour en général ; la nature propre de leur caractère, leur *Essentia*, dépend absolument du choix individuel de l'amour des sexes et se trouve ainsi à tous égards irrévocablement fixée. Voilà la clef du problème : elle nous sera mieux connue quand nous aurons parcouru tous les degrés de l'amour depuis l'inclination la plus fugitive, jusqu'à la passion la plus véhémente : nous reconnaîtrons alors que sa diversité naît du degré de l'individualisation dans le choix.

Toutes les passions amoureuses de la génération présente ne sont donc pour l'humanité entière que la sérieuse *meditatio compositionis generationis futuræ, e quâ iterum pendent innumeræ generationes*. Il ne s'agit plus, en effet, comme dans les autres passions humaines, d'un malheur ou d'un avantage individuel, mais de l'existence et de la constitution spéciale de l'humanité future : la volonté individuelle atteint, dans ce cas, sa plus haute puissance, se transforme en volonté de l'espèce. — C'est sur ce grand intérêt que reposent le pathétique et le sublime de l'amour, ses transports, ses douleurs infinies que les poètes depuis des milliers de siècles ne se lassent point de représenter dans des exemples sans nombre. Quel autre sujet l'emporterait en intérêt sur celui qui touche au bien ou au mal de l'espèce ? car l'individu est à l'espèce ce que la surface des corps est aux corps eux-mêmes. C'est ce qui fait qu'il est si difficile de donner de l'intérêt à un drame sans y mêler une intrigue d'amour ; et, pourtant, malgré l'usage journalier qu'on en fait, le sujet n'est jamais épuisé.

Quand l'instinct des sexes se manifeste dans la conscience individuelle d'une manière vague et générale, et sans détermination précise, c'est la volonté de vivre absolue, en dehors de tout phénomène, qui se fait jour. Lorsque dans un être conscient l'instinct de l'amour se spécialise sur un individu déterminé, ce n'est au fond que cette même volonté qui aspire à vivre dans un être nouveau et distinct, exactement déterminé. Et, dans ce cas, l'instinct de l'amour tout subjectif fait illusion à la conscience, et sait très-bien se couvrir du masque d'une admiration objective. Car la nature a besoin de ce stratagème pour atteindre ses buts. Si désintéressée et idéale que puisse paraître l'admiration pour une personne aimée, le but final est en réalité la création d'un être nouveau, déterminé dans sa nature : ce qui le prouve, c'est que l'amour ne se contente pas d'un sentiment réciproque, mais qu'il exige la possession même, l'essentiel, c'est-à-dire la jouissance physique. La certitude d'être aimé ne saurait consoler de la privation de celle qu'on aime ; et, en pareil cas, plus d'un amant s'est brûlé la cervelle. Il arrive au contraire que, ne pouvant être payés de retour, des gens très-épris se contentent de la possession, c'est-à-dire de la jouissance physique. C'est le cas de tous les mariages forcés, des amours vénales ou de celles obtenues par violence. Qu'un certain enfant soit engendré, c'est là le but unique, véritable, de tout roman d'amour, bien que les amoureux ne s'en doutent guère : l'intrigue qui conduit au dénoûment est chose accessoire. — Les âmes nobles, sentimentales, tendrement éprises, auront beau protester ici contre l'âpre réalisme de ma doctrine ; leurs protestations n'ont pas de raison d'être. La constitution et le caractère précis et déterminé de la génération future, n'est-ce pas là un but infiniment plus élevé, infiniment plus noble que leurs sentiments impossibles et leurs chimères idéales ? Eh quoi ! parmi toutes les fins que se propose la vie humaine, peut-il y en avoir une plus considérable ? Celle-là seule explique les profondes ardeurs de l'amour (1), la gravité du rôle qu'il joue, l'importance qu'il communique aux plus légers incidents. Il ne faut pas perdre de vue ce but réel, si l'on veut s'expliquer tant de manœuvres, de détours, d'efforts, et ces tourments infinis pour obtenir l'être aimé, lorsque, au premier abord, ils semblent si disproportionnés. C'est la génération à venir dans sa détermination absolument individuelle, qui se pousse vers l'existence à travers ces peines et ces efforts.

Oui, c'est elle-même qui déjà s'agite dans le choix circonspect, déterminé, opiniâtre, cherchant à satisfaire cet instinct qui s'appelle l'amour ; c'est déjà la volonté de vivre de l'individu nouveau, que les amants peuvent et désirent engendrer ; que dis-je ? déjà, dans l'entrecroisement de leurs regards chargés de désirs, s'allume une vie nouvelle, un être futur s'annonce, création complète, harmonieuse. Ils aspirent à une union véri-

---

(1) Ces délires sacrés, ces désirs sans mesure
Déchaînés dans vos flancs comme d'ardents essaims,
Ces transports, c'est déjà l'humanité future
Qui s'agite en vos seins.
Mme ACKERMANN. (*L'amour et la mort.*)
(*Note du traducteur.*)

table, à la fusion en un seul être ; cet être qu'ils vont engendrer sera comme le prolongement de leur existence, il en sera la plénitude ; en lui les qualités héréditaires des parents, réunies et fusionnées, continuent à vivre. Au contraire, une antipathie réciproque et obstinée entre un homme et une jeune fille est le signe qu'ils ne pouvaient engendrer qu'un être mal constitué, sans harmonie et malheureux. Aussi est-ce avec un sens profond que Calderon représente la cruelle Sémiramis, qu'il nomme une fille de l'air, comme le fruit d'un viol, qui fut suivi du meurtre de l'époux.

Cette souveraine force qui attire exclusivement l'un vers l'autre deux individus de sexe différent, c'est la volonté de vivre manifeste dans toute l'espèce : elle cherche à se réaliser selon ses fins dans l'enfant qui doit naître d'eux ; il tiendra du père la volonté ou le caractère ; de la mère, l'intelligence, de tous les deux sa constitution physique, pourtant les traits reproduiront plutôt ceux du père, la taille rappellera plutôt celle de la mère... S'il est difficile d'expliquer le caractère tout à fait spécial et exclusivement individuel de chaque homme, il n'est pas moins difficile de comprendre le sentiment également particulier et exclusif qui entraîne deux personnes l'une vers l'autre ; au fond, ces deux choses n'en font qu'une. La passion est implicitement, ce que l'individualité est explicitement. Le premier pas vers l'existence, le véritable *punctum saliens* de la vie, c'est en réalité l'instant où nos parents commencent à s'aimer — *to fancy each other*, selon une admirable expression anglaise, et, comme nous l'avons dit, c'est de la rencontre et de l'attachement de leurs ardents regards que naît le premier germe de l'être nouveau, germe fragile, prompt à disparaître comme tous les germes. Cet individu nouveau est en quelque sorte une nouvelle idée platonicienne : et comme toutes les idées font un effort violent pour arriver à se manifester dans le monde des phénomènes, avides de saisir la matière favorable que la loi de causalité leur livre en partage, de même cette idée particulière d'une individualité humaine tend avec une violence, une ardeur extrêmes à se réaliser dans un phénomène. Cette énergie, cette impétuosité, c'est justement la passion que les deux parents futurs éprouvent l'un pour l'autre. Elle a des degrés infinis dont les deux extrêmes pourraient être désignés sous le nom de l'amour vulgaire, Ἀφροδίτη πάνδημος, et de l'amour divin, οὐρανία : — mais quant à l'essence de l'amour, elle est partout et toujours la même. Dans ses divers degrés elle est d'autant plus puissante qu'elle est plus individualisée, en d'autres termes elle est d'autant plus forte que la personne aimée, par toutes ses qualités et ses manières d'être, est plus capable, à l'exclusion de toute autre personne, de répondre au vœu particulier et au besoin déterminé qu'elle a fait naître chez celui qui l'aime.

L'amour, par essence et du premier mouvement, est entraîné vers la santé, la force et la beauté, vers la jeunesse qui en est l'expression, parce que la volonté désire, avant tout, créer des êtres capables de vivre, avec le caractère intégral de l'espèce humaine ; l'amour vulgaire (Ἀφροδίτη πάνδημος) ne va guère plus loin. Puis viennent d'autres exigences plus spéciales, qui grandissent et fortifient la passion. Il n'y a d'amour puissant que dans la conformité parfaite de deux êtres... Et comme il n'y a pas deux individus absolument semblables, chaque homme doit trouver chez une certaine femme les qualités qui correspondent le mieux à ses qualités propres, toujours au point de vue des enfants à naître. Plus cette rencontre est rare, plus rare aussi l'amour vraiment passionné. C'est précisément parce que chacun de nous porte en puissance ce grand amour que nous comprenons la peinture que nous en fait le génie des poètes. — Justement parce que cette passion de l'amour vise exclusivement l'être futur et les qualités qu'il doit avoir, il peut arriver qu'entre un jeune homme et une jeune fille, d'ailleurs agréables et bien faits, une sympathie de sentiment, de caractère et d'esprit fasse naître une amitié étrangère à l'amour; il se peut même que, sur ce dernier point, il y ait entre eux une certaine antipathie. La raison en est que l'enfant qui naîtrait d'eux manquerait d'harmonie intellectuelle ou physique, qu'en un mot son existence et sa constitution ne correspondraient pas aux plans que se propose la volonté de vivre dans l'intérêt de l'espèce. Il peut arriver, au contraire, qu'en dépit de la dissemblance des sentiments, du caractère et de l'esprit, en dépit de la répugnance et de l'aversion même qui en résultent, l'amour naisse pourtant et subsiste, parce qu'il rend aveugle sur ces incompatibilités. S'il en résulte un mariage, ce mariage sera nécessairement très-malheureux.

Allons maintenant au fond des choses. — L'égoïsme en chaque homme a des racines si profondes, que les motifs égoïstes sont les seuls sur lesquels on puisse compter avec assurance pour exciter l'activité d'un être individuel. L'espèce, il est vrai, a sur l'individu un droit antérieur, plus immédiat et plus considérable que l'individualité éphémère. Pourtant, quand il faut que l'individu agisse et se sacrifie pour le maintien et le développement de l'espèce, son intelligence, toute dirigée vers les aspirations individuelles, a peine à comprendre la nécessité de ce sacrifice et à s'y soumettre aussitôt. Pour atteindre son but, il faut donc que la nature abuse l'individu par quelque illusion, en vertu de laquelle il voie son propre bonheur dans ce qui n'est, en réalité, que le bien de l'espèce; l'individu devient ainsi l'esclave inconscient de la nature, au moment où il croit n'obéir qu'à ses seuls désirs. Une pure chimère aussitôt évanouie flotte devant ses yeux et le fait agir. Cette illusion n'est autre que l'instinct. C'est lui qui, dans la plupart des cas, représente le sens de l'espèce, les intérêts de l'espèce devant la volonté. Mais comme ici la volonté est devenue individuelle, elle doit être trompée de telle sorte qu'elle perçoive par le sens de l'individu les desseins que le sens de l'espèce a sur elle : ainsi, elle croit travailler au profit de l'individu, tandis qu'en réalité elle ne travaille que pour l'espèce, dans son sens le plus spécial. C'est chez l'animal que l'instinct joue le plus grand rôle et que sa manifestation extérieure peut être le mieux observée; mais quant aux voies secrètes de l'instinct, comme pour tout ce qui est intérieur, nous ne pouvons apprendre à les connaître qu'en nous-mêmes. On s'imagine, il est vrai, que l'instinct a peu d'empire sur l'homme, ou du moins qu'il ne se manifeste guère que chez le nouveau-né cherchant à saisir le sein de sa mère. Mais en réalité, il y a un instinct très-déterminé, très-manifeste et surtout très-compliqué, qui nous guide dans le choix si fin, si sérieux, si particulier de la personne que l'on aime et dont on désire la possession. S'il n'y avait de caché sous le plaisir des sens que la satisfaction d'un impérieux besoin, la beauté ou la laideur de l'autre individu serait indifférente. La recherche passionnée de la beauté, le prix qu'on y attache, le choix qu'on y apporte, ne concernent donc pas l'intérêt personnel de celui qui choisit, bien qu'il se l'imagine, mais évidemment l'intérêt de l'être futur, dans lequel il importe de maintenir le plus possible intégral et pur le type de l'espèce. En effet, mille accidents physiques et mille disgrâces morales peuvent amener une déviation de la figure humaine : pourtant le vrai type humain, dans toutes ses parties, est toujours rétabli à nouveau, grâce à ce sens de la beauté qui domine toujours et dirige l'instinct des sexes, sans quoi l'amour ne serait plus qu'un besoin révoltant.

Ainsi donc il n'est point d'homme qui tout d'abord ne désire ardemment et ne préfère les plus belles créatures, parce qu'elles réalisent le type le plus pur de l'espèce ; puis il recherchera surtout les qualités qui lui manquent, ou parfois les imperfections opposées à celles qu'il a lui-même et les trouvera belles : de là vient, par exemple, que les grandes femmes plaisent aux petits hommes, et que les blonds aiment les brunes, etc.

— L'enthousiasme vertigineux qui s'empare de l'homme à la vue d'une femme dont la beauté répond à son idéal, et fait luire à ses yeux le mirage du bonheur suprême s'il s'unit avec elle, n'est autre chose que le sens de l'espèce qui reconnait son empreinte claire et brillante et qui par elle aimerait à se perpétuer...

Ces considérations jettent une vive lumière sur la nature intime de tout instinct; comme on le voit ici, son rôle consiste presque toujours à faire mouvoir l'individu pour le bien de l'espèce. Car, évidemment, la sollicitude d'un insecte pour trouver une certaine fleur, un certain fruit, un excrément ou un morceau de chair, ou bien, comme l'ichneumon, la larve d'un autre insecte pour déposer ses œufs là et pas ailleurs, et son indifférence de la peine ou du danger quand il s'agit d'y parvenir, sont fort analogues à la préférence exclusive de l'homme pour une certaine femme, celle dont la nature individuelle répond à la sienne : il la recherche avec un zèle si passionné que, plutôt que de manquer son but, au mépris de toute raison, il sacrifie souvent le bonheur de sa vie; il ne recule ni devant un mariage insensé, ni devant des liaisons ruineuses, ni devant le déshonneur, ni devant des actes criminels, adultère ou viol, et cela uniquement pour servir les buts de l'espèce, sous la loi souveraine de la nature, aux dépens même de l'individu. Partout, l'instinct semble dirigé par une intention individuelle, tandis qu'il y est tout à fait étranger. Toutes les fois que l'individu, livré à lui-même, serait incapable de comprendre les vues de la nature, ou porté à lui résister, elle fait surgir l'instinct; voilà pourquoi l'instinct a été donné aux animaux et surtout aux animaux inférieurs les plus dénués d'intelligence; mais l'homme n'y est guère soumis que dans le cas spécial qui nous occupe. Ce n'est pas que l'homme fût incapable de comprendre le but de la nature, mais il ne l'aurait peut-être pas poursuivi avec tout le zèle nécessaire, même aux dépens de son bonheur particulier. Ainsi, dans cet instint, comme dans tous les autres, la vérité se revêt d'illusion pour agir sur la volonté. C'est une illusion de volupté qui fait miroiter devant les yeux de l'homme l'image décevante d'une félicité souveraine dans les bras de la beauté que n'égale à ses yeux nulle autre créature humaine ; illusion encore, quand il s'imagine que la possession d'un seul être au monde lui assure un bonheur sans mesure et sans limites. Il se figure sacrifier à sa seule jouissance sa peine et ses efforts, tandis qu'en réalité il ne travaille qu'au maintien du type intégral de l'espèce, à la création d'un certain individu tout à fait déterminé qui a besoin de cette union pour se réaliser et arriver à l'existence. C'est tellement là le caractère de l'instinct d'agir en vue d'une fin dont pourtant il n'a pas l'idée, que l'homme, poussé par l'illusion qui le possède, a quelquefois horreur du but auquel il est conduit, qui est la procréation des êtres ; il voudrait même s'y opposer ; c'est le cas de presque toutes les amours en dehors du mariage. Une fois sa passion satisfaite, tout amant éprouve une étrange déception ; il s'étonne de ce que l'objet de tant de désirs passionnés ne lui procure qu'un plaisir éphémère, suivi d'un rapide désenchantement. Ce désir est en effet aux autres désirs qui agitent le cœur de l'homme, comme l'espèce est à l'individu, comme l'infini est au fini. L'espèce seule au contraire profite de la satisfaction de ce désir, mais l'individu n'en a pas conscience ; tous les sacrifices qu'il s'est imposés, poussé par le génie de l'espèce, ont servi à un but qui n'est pas le sien. Aussi tout amant, le grand œuvre de la nature une fois accompli, se trouve mystifié; car l'illusion qui le rendait dupe de l'espèce s'est évanouie. Platon dit très-bien : ἡδονή ἀπάντων ἀλαζονέστατον. *Voluptas omnium maxime vaniloqua.*

Ces considérations jettent des clartés nouvelles sur les instincts et le sens esthétique des animaux. Eux aussi ils sont esclaves de cette sorte d'illusion qui fait briller à leurs yeux le mirage trompeur de leur propre jouissance, tandis qu'ils travaillent si assidûment pour l'espèce et avec un désintéressement si absolu : ainsi l'oiseau bâtit son nid, ainsi l'insecte cherche l'endroit propice pour y déposer ses œufs, ou bien se livre à la chasse d'une proie dont il ne jouira pas lui-même, qui doit servir de nourriture pour les larves futures et qu'il placera à côté des œufs ; ainsi l'abeille, la guêpe, la fourmi travaillent à leurs constructions futures et prennent leurs dispositions si compliquées. Ce qui dirige toutes ces bêtes, c'est évidemment une illusion qui met au service de l'espèce le masque d'un intérêt égoïste. Telle est la seule explication vraisemblable du phénomène interne et subjectif qui dirige les manifestations de l'instinct. Mais à voir les choses par le dehors, nous remarquons chez les animaux les plus esclaves de l'instinct, surtout chez les insectes, une prédominance du système ganglionnaire, c'est-à-dire du système nerveux subjectif sur le système cérébral ou objectif ; d'où il faut conclure que les bêtes sont poussées non pas tant par une intelligence objective et exacte que par des représentations subjectives excitant des désirs qui naissent de l'action du système ganglionnaire sur le cerveau, ce qui prouve bien qu'elles sont sous l'empire d'une sorte d'illusion : et telle sera la marche physiologique de tout instinct. — Comme éclaircissement, je mentionne encore un autre exemple, moins caractéristique il est vrai, de l'instinct dans l'homme, c'est l'appétit capricieux des femmes enceintes ; il semble naître de ce que la nourriture de l'embryon exige parfois une modification particulière ou déterminée du sang qui afflue vers lui : alors la nourriture la plus favorable se présente aussitôt à l'esprit de la femme enceinte comme l'objet d'un vif désir; là encore il y a illusion. La femme aurait donc un instinct de plus que l'homme : le système ganglionnaire est aussi beaucoup plus développé chez la femme. — La prédominance excessive du cerveau explique comment l'homme a moins d'instinct que les bêtes, et comment ses instincts peuvent quelquefois s'égarer. Ainsi, par exemple, le sens de la beauté qui dirige le choix dans la recherche de l'amour, s'égare lorsqu'il dégénère en vice contre nature (1) ; de même une certaine mouche (musca vomitoria) au lieu de mettre ses œufs, conformément à son instinct, dans une chair en décomposition, les dépose dans la fleur de l'arum dracunculus égarée par l'odeur cadavérique de cette plante.

L'amour a donc toujours pour fondement un instinct dirigé vers la reproduction de l'espèce : cette vérité nous paraîtra claire jusqu'à l'évidence, si nous examinons la question en détail, comme nous allons le faire.

Tout d'abord il faut considérer que l'homme est par

---

(1) Ce sujet scabreux est traité à un point de vue métaphysique au chap. XLIV du second volume de *die W.*, p. 643.

(*Note du traducteur.*)

nature porté à l'inconstance dans l'amour, la femme à la fidélité (1). L'amour de l'homme baisse d'une façon sensible, à partir de l'instant où il a obtenu satisfaction : il semble que toute autre femme ait plus d'attrait que celle qu'il possède ; il aspire au changement. L'amour de la femme au contraire grandit à partir de cet instant. C'est là une conséquence du but de la nature qui est dirigé vers le maintien et par suite vers l'accroissement le plus considérable possible de l'espèce. L'homme, en effet, peut aisément engendrer plus de cent enfants en une année, s'il a autant de femmes à sa disposition ; la femme au contraire, eût-elle autant de maris, ne pourrait mettre au monde qu'un enfant par année, en exceptant les jumeaux. Aussi l'homme est-il toujours en quête d'autres femmes, tandis que la femme reste fidèlement attachée à un seul homme ; car la nature la pousse instinctivement et sans réflexion à conserver près d'elle celui qui doit nourrir et protéger la petite famille future. De là résulte que la fidélité dans le mariage est artificielle pour l'homme et naturelle à la femme, et par suite l'adultère de la femme, à cause de ses conséquences, et parce qu'il est contraire à la nature, est beaucoup plus impardonnable que celui de l'homme.

Je veux aller au fond des choses et achever de vous convaincre, en vous prouvant que le goût pour les femmes, si objectif qu'il puisse paraître, n'est pourtant qu'un instinct masqué, c'est-à-dire le sens de l'espèce qui s'efforce d'en maintenir le type. Nous devons re-

---

(1) Schopenhauer, dans son *Essai sur les femmes*, les accuse, au contraire, de fausseté, d'infidélité, de trahison, d'ingratitude.

chercher de plus près et examiner plus spécialement les considérations qui nous dirigent dans la poursuite de ce plaisir, quelque figure singulière que fassent dans un ouvrage philosophique les détails que nous allons indiquer ici. Ces considérations se divisent comme il suit: il y a d'abord celles qui concernent directement le type de l'espèce, c'est-à-dire la beauté, il y a celles qui visent les qualités psychiques, et enfin les considérations purement relatives, la nécessité de corriger et de neutraliser les unes par les autres les dispositions particulières et anormales des deux individus. Examinons séparément chacune de ces divisions.

La première considération qui dirige notre inclination et notre choix, c'est celle de l'âge. En général la femme que nous choisissons se trouve dans les années comprises entre la fin et le commencement des menstrues ; nous donnons pourtant une préférence décisive à la période qui va de la 18e à la 28e année. Nulle femme, en dehors des conditions précédentes, ne nous attire. Une femme âgée, c'est-à-dire une femme incapable d'avoir des enfants, ne nous inspire qu'un sentiment d'aversion. La jeunesse sans beauté a toujours de l'attrait : la beauté sans jeunesse n'en a plus. — Évidemment l'intention inconsciente qui nous dirige n'est autre que la possibilité générale d'avoir des enfants : en conséquence tout individu perd en attrait pour l'autre sexe, selon qu'il se trouve plus ou moins éloigné de la période propre à la génération ou à la conception. — La seconde considération est la santé : les maladies aiguës ne troublent nos inclinations que d'une manière passagère, les maladies chroniques, les cachexies, au contraire, effraient ou éloignent, parce qu'elles se transmettent à l'enfant. — La troisième considération, c'est le squelette parce qu'il est le fondement du type de l'espèce. Après l'âge et la maladie, rien ne nous éloigne tant qu'une conformation défectueuse : même le plus beau visage ne saurait dédommager d'une taille déviée ; il y a plus, un laid visage sur un corps droit sera toujours préféré. C'est toujours un défaut du squelette qui vous frappe le plus, par exemple une taille trapue et aplatie, des jambes trop courtes, ou bien encore une démarche boiteuse quand elle n'est pas la conséquence d'un accident extérieur. Au contraire un corps remarquablement beau compense bien des défauts, il nous enchante. L'importance extrême que nous attribuons tous aux petits pieds se rattache aussi à ces considérations ; ils sont en effet un caractère essentiel de l'espèce, aucun animal n'ayant le tarse et le métatarse réunis aussi petits que l'homme, ce qui tient à sa démarche verticale ; il est un plantigrade. Jésus Sirach dit à ce propos (26, 23, d'après la traduction corrigée de Kraus) : « une femme bien faite et qui a de beaux pieds est comme des colonnes d'or sur des socles d'argent. » L'importance des dents n'est pas moindre parce qu'elles servent à la nutrition et qu'elles sont tout spécialement héréditaires. — La quatrième considération est une certaine plénitude des chairs, c'est-à-dire la prédominance de la faculté végétative, de la plasticité, parce que celle-ci promet au fœtus une nourriture riche : c'est pour cela qu'une grande femme maigre repousse d'une manière surprenante. Des seins bien arrondis et bien conformés exercent une remarquable fascination sur les hommes ; parce que se trouvant en rapport direct avec les fonc-

tions de génération de la femme, ils promettent au nouveau-né une riche nourriture. Au contraire, des femmes grasses au delà de toute mesure excitent notre répugnance ; car cet état morbide est un signe d'atrophie de l'utérus, et par conséquent une marque de stérilité ; ce n'est pas l'intelligence qui sait cela, c'est l'instinct.
— La beauté du visage n'est prise en considération qu'en dernier lieu. Ici aussi c'est la partie osseuse qui frappe avant tout : l'on recherche surtout un nez bien fait, tandis qu'un nez court, retroussé, gâte tout. Une légère inclinaison du nez, en haut ou en bas, a décidé du sort d'une infinité de jeunes filles, et avec raison : car il s'agit de maintenir le type de l'espèce. Une petite bouche, formée de petits os maxillaires, est très-essentielle, comme caractère spécifique de la figure humaine, en opposition à la gueule des bêtes. Un menton fuyant et pour ainsi dire amputé, est particulièrement repoussant, parce qu'un menton proéminent, *mentum prominulum*, est un trait de caractère de notre espèce. L'on considère en dernier lieu les beaux yeux et le front, qui se rattachent aux qualités psychiques, surtout aux qualités intellectuelles, lesquelles font partie de l'héritage de la mère.

Nous ne pouvons naturellement énumérer aussi exactement les considérations inconscientes auxquelles s'attache l'inclination des femmes. Voici ce que l'on peut affirmer d'une manière générale. C'est l'âge de 30 et 35 ans qu'elles préfèrent à tout autre âge, même à celui des jeunes gens, qui pourtant représentent la fleur de la beauté masculine. La cause en est qu'elles sont dirigées non par le goût, mais par l'instinct qui reconnaît dans ces années l'apogée de la force génératrice. En général, elles considèrent fort peu la beauté, surtout celle du visage : comme si elles seules se chargeaient de la transmettre à l'enfant. C'est surtout la force et le courage de l'homme qui gagnent leur cœur: car ces qualités promettent une génération de robustes enfants, et semblent leur assurer dans l'avenir un protecteur courageux. Tout défaut corporel de l'homme, toute déviation du type, la femme peut les supprimer pour l'enfant dans la génération, si les parties correspondantes de sa constitution, défectueuses chez l'homme, sont chez elle irréprochables, ou encore exagérées en sens inverse. Il faut excepter seulement les qualités de l'homme particulières à son sexe, et que la mère par conséquent ne peut donner à l'enfant ; par exemple, la structure masculine du squelette, de larges épaules, des hanches étroites, des jambes droites, la force des muscles, du courage, de la barbe, etc. De là vient que les femmes aiment souvent de vilains hommes, mais jamais des hommes efféminés, parce qu'elles ne peuvent neutraliser un pareil défaut.

Le second ordre de considérations qui importent dans l'amour, concerne les qualités psychiques. Nous trouverons ici que ce sont les qualités du cœur ou du caractère dans l'homme qui attirent la femme, car ces qualités-là l'enfant les reçoit de son père. C'est avant tout une volonté ferme, la décision et le courage, peut-être encore la droiture et la bonté du cœur, qui gagnent la femme. Au contraire, les qualités intellectuelles n'exercent sur elle aucune action directe et instinctive, justement parce que le père ne les transmet pas à ses enfants. La bêtise ne nuit pas près des femmes : une force d'esprit supérieure, ou même le génie par sa disproportion ont souvent un effet défavorable. Ainsi l'on voit souvent un homme laid, bête et grossier supplanter près des femmes un homme bien fait, spirituel, aimable. On voit de même des mariages d'inclination entre des êtres aussi dissemblables qu'il est possible au point de vue de l'esprit : lui par exemple brutal, robuste et borné ; elle, douce, impressionnable, pensant finement, instruite, pleine de goût, etc.; ou encore lui, très-savant, plein de génie, elle, une oie :

> Sic visum Veneri ; cui placet impares
> Formas atque animos sub juga aënea
> Saevo mittere cum joco.

La raison en est que les considérations qui prédominent ici n'ont rien d'intellectuel et se rapportent à l'instinct. Dans le mariage, ce qu'on a en vue ce n'est pas un entretien plein d'esprit, c'est la création des enfants : le mariage est un lien des cœurs et non des têtes. Lorsqu'une femme affirme qu'elle est éprise de l'esprit d'un homme, c'est une prétention vaine et ridicule, ou bien c'est l'exaltation d'un être dégénéré. — Les hommes au contraire, dans l'amour instinctif, ne sont pas déterminés par les qualités du caractère de la femme ; c'est pour cela que tant de Socrates ont trouvé leurs Xantippes, par exemple Shakespeare, Albert Dürer, Byron, etc. Mais les qualités intellectuelles ont ici une grande influence, parce qu'elles sont transmises par la mère : néanmoins leur influence est aisément surpassée par celle de la beauté corporelle qui agit plus directement sur des points plus essentiels. Il arrive cependant que des mères, instruites par leur expérience de cette influence intellectuelle, font apprendre à leur fille les beaux-arts, les langues, etc., pour les rendre attrayantes à leurs futurs maris ; elles cherchent ainsi à aider l'intelligence par des moyens artificiels, de même que, le cas échéant, elles cherchent à développer les hanches et la poitrine. — Remarquons bien qu'il n'est ici question que de l'attrait instinctif et tout immédiat, qui seul donne naissance à la vraie passion de l'amour. Qu'une femme intelligente et instruite apprécie l'intelligence et l'esprit chez un homme, qu'un homme raisonnable et réfléchi éprouve le caractère de sa fiancée et en tienne compte, cela ne fait rien à l'affaire dont il est ici question : ainsi procède la raison dans le mariage quand c'est elle qui choisit, mais non l'amour passionné qui seul nous occupe.

Jusqu'à présent, je n'ai tenu compte que des considérations absolues, c'est-à-dire de celles qui sont d'un effet général ; je passe maintenant aux considérations relatives, qui sont individuelles, parce que là le but est de rectifier le type de l'espèce, déjà altéré, de corriger les écarts du type que la personne même qui choisit porte déjà en elle, et de revenir ainsi à une pure représentation de ce type. Chacun aime précisément ce qui lui manque. Le choix individuel, qui repose sur ces considérations toutes relatives, est bien plus déterminé, plus décidé et plus exclusif que le choix qui n'a égard qu'aux considérations absolues ; c'est de ces considérations relatives que naît d'ordinaire l'amour passionné, tandis que les amours communes et passagères ne sont guidées que par des considérations absolues. Ce n'est pas toujours la beauté régulière et accomplie qui enflamme les grandes passions. Pour une inclination vraiment passionnée il faut une condition que nous ne pouvons exprimer que par une métaphore empruntée à la chimie. Les deux personnes doivent se neutraliser l'une l'autre, comme un acide et un alcali forment un sel neutre. Toute constitution sexuelle est une constitution incomplète, l'imperfection varie avec les individus. Dans l'un et l'autre sexe chaque être n'est qu'une partie du tout incomplète et imparfaite. Mais cette partie peut être plus ou moins considérable, selon les natures. Aussi chaque individu trouve-t-il son complément naturel dans un certain individu de l'autre sexe qui représente en quelque sorte la fraction indispensable au type complet, qui l'achève et neutralise ses défauts, et produit un type accompli de l'humanité dans le nouvel individu qui doit naître ; car c'est toujours à la constitution de cet être futur que tout aboutit sans cesse. Les physiologistes savent que la sexualité chez l'homme et chez la femme a des degrés innombrables : la virilité peut descendre jusqu'à l'affreux gynandre, à l'hypospadias ; de même qu'il y a parmi les femmes de gracieux androgynes ; les deux sexes peuvent atteindre l'hermaphrodisme complet, et ces individus, qui tiennent le juste milieu entre les deux sexes et ne font partie d'aucun, sont incapables de se reproduire. — Pour la neutralisation de deux individualités l'une par l'autre, il est nécessaire que le degré déterminé de sexualité chez un certain homme corresponde exactement au degré de sexualité chez une certaine femme ; afin que ces deux dispositions partielles se compensent justement l'une l'autre.

C'est ainsi que l'homme le plus viril cherchera la femme la plus femme, et vice versa. Les amants mesurent d'instinct cette part proportionnelle nécessaire à chacun d'eux, et ce calcul inconscient se trouve avec les autres considérations au fond de toute grande passion. Aussi quand les amoureux parlent sur un ton pathétique de l'harmonie de leurs âmes, il faut entendre le plus souvent l'harmonie des qualités physiques propres à chaque sexe, et de nature à donner naissance à un être accompli, harmonie qui importe bien plus que le concert de leurs âmes, lequel, après la cérémonie, se résoud souvent en un criant désaccord. A cela se joignent les considérations relatives plus éloignées qui reposent sur ce fait que chacun s'efforce de neutraliser par l'autre personne ses faiblesses, ses imperfections, et tous les écarts du type normal, de crainte qu'ils ne se perpétuent dans l'enfant futur, ou ne s'exagèrent et ne deviennent des difformités. Plus un homme est faible au point de vue de la force musculaire, plus il cherchera des femmes fortes : et la femme agira de même. Mais comme c'est une loi de la nature que la femme ait une force musculaire plus faible, il est également dans la nature que les femmes préfèrent les hommes robustes. — La stature est aussi une considération importante. Les petits hommes ont un penchant décidé pour les grandes femmes et réciproquement..... L'aversion d'une femme grande pour des hommes grands est au fond des vues de la nature, afin d'éviter une race gigantesque, quand la force transmise par la mère serait trop faible pour assurer une longue durée à cette race exceptionnelle. Si une grande femme choisit un grand mari, entre autres motifs pour faire meilleure figure dans le monde, ce sont leurs descendants qui expieront cette folie.... Jusque dans les diverses parties du corps chacun cherche un correctif à ses défauts, à ses déviations, avec d'autant plus de soin que la partie est plus importante. Ainsi les gens au nez épaté contemplent avec un plaisir inexprimable un nez aquilin, un profil de perroquet; et ainsi du reste. Les hommes aux formes grêles et étirées, au long squelette, admirent une petite personne tassée et courte à l'excès. — Il en est de même du tempérament; chacun préfère celui qui est l'opposé du sien, et sa préférence est toujours proportionnée à l'énergie de son propre tempérament. — Ce n'est pas qu'une personne parfaite en quelque point aime les imperfections contraires; mais elle les supporte plus aisément que d'autres ne les supporteraient, parce que les enfants trouvent dans ces qualités une garantie contre une imperfection plus grande. Par exemple, une personne très-blanche n'éprouvera point de répugnance pour un teint olivâtre; mais aux yeux d'une personne au teint bistré un teint d'une blancheur éclatante semble divinement beau. — Il est des cas exceptionnels où un homme peut s'éprendre d'une femme décidément laide : conformément à notre loi de concordance des sexes, lorsque l'ensemble des défauts et irrégularités physiques de la femme sont justement l'opposé et par conséquent le correctif de ceux de l'homme. Alors la passion atteint généralement un degré extraordinaire.....

L'individu obéit en tout ceci, sans qu'il s'en doute, à un ordre supérieur, celui de l'espèce : de là l'importance qu'il attache à certaines choses, qui, en tant qu'individu, pourraient et devraient lui être indifférentes. — Rien n'est singulier comme le sérieux profond, inconscient, avec lequel deux jeunes gens de sexe différent qui se voient pour la première fois s'observent l'un l'autre; le regard inquisiteur et pénétrant qu'ils jettent l'un sur l'autre; l'inspection minutieuse que tous les traits et toutes les parties de leurs personnes respectives ont à subir. Cette recherche, cet examen, c'est *la méditation du génie de l'espèce* sur l'enfant qu'ils pourraient créer, et la combinaison de ses éléments constitutifs. Le résultat de cette méditation déterminera le degré de leur inclination et de leurs désirs réciproques. Après avoir atteint un certain degré, ce premier mouvement peut s'arrêter subitement, par la découverte de quelque détail jusqu'alors inaperçu. — Ainsi le génie de l'espèce médite la génération future; et le grand œuvre de Cupidon, qui spécule, s'ingénie et agit sans cesse, est d'en préparer la constitution. En face des grands intérêts de l'espèce tout entière, présente et future, l'avantage des individus éphémères compte peu : le dieu est toujours prêt à les sacrifier sans pitié. Car le génie de l'espèce est, relativement aux individus, comme un immortel est aux mortels, et ses intérêts sont à ceux des hommes comme l'infini est au fini. Sachant donc qu'il administre des affaires supérieures à toutes celles qui ne concernent qu'un bien ou un mal individuel, il les mène avec une impassibilité suprême, au milieu du tumulte de la guerre, dans l'agitation des affaires, à travers les horreurs d'une peste, il les poursuit même jusque dans la retraite du cloître.

Nous avons vu plus haut que l'intensité de l'amour s'accroît à mesure qu'il s'individualise. Nous l'avons prouvé : la constitution physique de deux individus peut être telle que, pour améliorer le type de l'espèce, et lui rendre toute sa pureté, l'un de ces individus doit être le complément de l'autre. Un désir mutuel et exclusif les attire alors ; et par cela seul qu'il est fixé sur un objet unique, et qu'il représente en même temps une mission spéciale de l'espèce, ce désir prend aussitôt un caractère noble et élevé. Pour la raison opposée, le pur instinct sexuel est un instinct vulgaire, parce qu'il n'est pas dirigé vers un individu unique, mais vers tous, et qu'il ne cherche qu'à conserver l'espèce par le nombre seulement et sans s'inquiéter de la qualité. Quand l'amour s'attache à un être unique, il atteint alors une telle intensité, un tel degré de passion, que s'il ne peut être satisfait, tous les biens du monde et la vie même perdent leur prix. C'est une passion d'une violence que rien n'égale, qui ne recule devant aucun sacrifice, et qui peut conduire à la folie ou au suicide. Les causes inconscientes d'une passion si excessive doivent différer de celles que nous avons démêlées plus haut, et sont moins apparentes. Il nous faut admettre qu'il ne s'agit pas seulement ici d'adaptation physique, mais que, de plus, la volonté de l'homme et l'intelligence de la femme ont entre elles une concordance spéciale qui fait que seuls ils peuvent engendrer un certain être tout à fait déterminé : c'est l'existence de cet être que le génie de l'espèce a ici en vue, pour des raisons cachées dans l'essence de la chose en soi, et qui ne nous sont point accessibles. En d'autres termes : la volonté de vivre désire ici s'objectiver dans un individu exactement déterminé, lequel ne peut être engendré que par ce père uni à cette mère. Ce désir métaphysique de la volonté en soi n'a d'abord d'autre sphère d'action dans la série des êtres, que les cœurs des parents futurs : saisis de cette impulsion, ils s'imaginent ne désirer que pour eux-mêmes ce qui n'a qu'un but encore purement métaphysique, c'est-à-dire en dehors du cercle des choses véritablement existantes. Ainsi donc, de la source originelle de tous les êtres jaillit cette aspiration d'un être futur, qui trouve son occasion unique d'arriver à la vie, et cette aspiration se manifeste dans la réalité des choses par la passion élevée et exclusive des parents futurs l'un pour l'autre ; au fond, illusion non pareille qui pousse un amoureux à sacrifier tous les biens de la terre pour s'unir à cette femme, — et pourtant en vérité elle ne peut rien lui donner de plus qu'une autre. Telle est l'unique fin poursuivie, ce qui le prouve c'est que cette sublime passion, aussi bien que les autres, s'éteint dans la jouissance, au grand étonnement des intéressés. — Elle s'éteint aussi quand la femme se trouvant stérile (ce qui d'après Hufeland peut résulter de 19 vices de constitution accidentels), le but métaphysique s'évanouit : des millions de germes disparaissent ainsi chaque jour, dans lesquels pourtant aussi le même principe métaphysique de la vie aspire vers l'être. A cela point d'autre consolation, si ce n'est que la volonté de vivre dispose de l'infini dans l'espace, le temps et la matière, et qu'une occasion inépuisable de retour lui est ouverte...

Le désir d'amour, ἵμερος, que les poètes de tous les

temps s'étudient à exprimer sous mille formes sans jamais épuiser le sujet, ni même l'égaler, ce désir qui attache à la possession d'une certaine femme l'idée d'une félicité infinie, et une douleur inexprimable à la pensée qu'on ne pourrait l'obtenir, — ce désir et cette douleur de l'amour ne peuvent pas avoir pour principe les besoins d'un individu éphémère ; ce désir est le soupir du génie de l'espèce qui, pour réaliser ses intentions, voit ici une occasion unique à saisir ou à perdre, et qui pousse de profonds gémissements. L'espèce seule a une vie sans fin et seule elle est capable de satisfactions et de douleurs infinies. Mais celles-ci se trouvent emprisonnées dans la poitrine étroite d'un mortel : quoi d'étonnant quand cette poitrine semble vouloir éclater et ne peut trouver aucune expression pour peindre le pressentiment de volupté ou de peine infinie qui l'envahit. C'est bien là le sujet de toute poésie érotique d'un genre élevé, de ces métaphores transcendantes qui planent bien au-dessus des choses terrestres. C'est là ce qui inspirait Pétrarque, ce qui agitait les Saint-Preux, les Werther et les Jacopo Ortis ; sans cela, ils seraient incompréhensibles et inexplicables. Ce prix infini que les amants attachent l'un à l'autre ne peut reposer sur de rares qualités intellectuelles, sur des qualités objectives ou réelles ; tout simplement parce que les amants ne se connaissent pas assez exactement l'un l'autre ; c'était le cas de Pétrarque. Seul l'esprit de l'espèce peut voir d'un seul regard quelle valeur les amants ont pour lui, et comment ils peuvent servir ses buts. Aussi les grandes passions naissent-elles en général au premier regard.

> Who ever lov'd, that lov'd not at first sight?
> Aima-t-il jamais, celui qui n'aima pas au premier regard?
>> Shakespeare, *As you like it*, III, 5.

... Si la perte de la bien-aimée, soit par le fait d'un rival, soit par la mort, cause à l'amoureux passionné une douleur qui surpasse toutes les autres, c'est justement parce que cette douleur est d'une nature transcendante et qu'elle ne l'atteint pas seulement comme individu, mais qu'elle le frappe dans son *essentia æterna*, dans la vie de l'espèce dont il était chargé de réaliser la volonté spéciale. De là vient que la jalousie est si pleine de tourments et si farouche; et que le renoncement à la bien-aimée est le plus grand de tous les sacrifices. — Un héros rougirait de laisser échapper des plaintes vulgaires, mais non des plaintes d'amour; parce qu'alors ce n'est pas lui, c'est l'espèce qui se lamente. Dans la grande Zénobie de Calderon, il y a au second acte une scène entre Zénobie et Decius où celui-ci dit :

> Cielos, luego tu me quieres?
> Perdiera cien mil victorias,
> Volviérame, etc. —

> Ciel! tu m'aimes donc?
> Pour cela, je sacrifierais cent mille victoires,
> Je fuirais devant l'ennemi.....

Ici donc l'honneur, qui jusqu'à présent l'emportait sur tout autre intérêt, a été battu et mis en fuite, aussitôt que l'amour, c'est-à-dire l'intérêt de l'espèce, entre en scène et cherche à emporter l'avantage décisif... Devant cet intérêt seul cèdent l'honneur, le devoir et la fidélité, après qu'ils ont résisté à toute autre tentation, même à la menace de la mort. — De même dans la vie privée il n'est pas de point sur lequel la probité scrupuleuse soit plus rare : les gens les plus honnêtes d'ailleurs et les plus droits la mettent ici de côté, et commettent l'adultère au mépris de tout, quand l'amour passionné, c'est-à-dire l'intérêt de l'espèce, s'est emparé d'eux. Il semble même qu'ils croient avoir conscience d'un privilége supérieur tel que les intérêts individuels n'en sauraient jamais accorder de semblable; justement parce qu'ils agissent dans l'intérêt de l'espèce. A ce point de vue la pensée de Chamfort est digne de remarque : « Quand un homme et une femme « ont l'un pour l'autre une passion violente, il me « semble toujours que, quels que soient les obstacles « qui les séparent, un mari, des parents, etc., les deux « amants sont l'un à l'autre de par la nature, qu'ils « s'appartiennent de droit divin, malgré les lois et les « conventions humaines. » Si des protestations s'élevaient contre cette théorie, il suffirait de rappeler l'étonnante indulgence avec laquelle le Sauveur dans l'Évangile traite la femme adultère, quand il présume la même faute chez tous les assistants. — La plus grande partie du Décaméron semble être à ce même point de vue une pure raillerie, un pur sarcasme du génie de l'espèce sur les droits et les intérêts des individus qu'il foule aux pieds. — Toutes les différences de rang, tous les obstacles, toutes les barrières sociales, le génie de l'espèce les écarte et les anéantit sans efforts. Il dissipe comme une paille légère toutes les institutions humaines, n'ayant souci que des générations futures. C'est sous l'empire d'un intérêt d'amour que tout danger disparaît et même que l'être le plus pusillanime trouve du courage.

Et dans la comédie et le roman avec quel plaisir, avec quelle sympathie ne suivons nous pas les jeunes gens qui défendent leur amour, c'est-à-dire l'intérêt de l'espèce, et qui triomphent de l'hostilité des parents uniquement préoccupés d'intérêts individuels. Car autant l'espèce l'emporte sur l'individu, autant la passion surpasse en importance, en élévation et en justice tout ce qui la contrarie. Aussi le sujet fondamental de presque toutes les comédies, c'est l'entrée en scène du génie de l'espèce avec ses aspirations et ses projets, menaçant les intérêts des autres personnages de la pièce et cherchant à ensevelir leur bonheur. Généralement il réussit et le dénoûment, conforme à la justice poétique, satisfait le spectateur, parce que ce dernier sent que les desseins de l'espèce passent bien avant ceux des individus ; après le dénoûment il s'en va tout consolé, laissant les amoureux à leur victoire, s'associant à l'illusion qu'ils ont fondé leur propre bonheur, tandis qu'en réalité ils n'ont fait que le donner en sacrifice au bien de l'espèce malgré la prévoyance et l'opposition de leurs parents. Dans certaines comédies singulières, on a essayé de retourner la chose, et de mener à bonne fin le bonheur des individus, aux dépens des buts de l'espèce : mais dans ce cas le spectateur éprouve la même douleur que le génie de l'espèce, et l'avantage assuré des individus ne saurait le consoler. Comme exemple, il me revient à l'esprit quelques petites pièces très-connues : *la Reine de seize ans, le Mariage de raison*.

Dans les tragédies où il s'agit d'amour, les amants succombent presque toujours ; ils n'ont pu faire triompher les buts de l'espèce dont ils n'étaient que l'instrument : ainsi dans Roméo et Juliette, Tancrède, don Carlos, Wallenstein, la fiancée de Messine et tant d'autres.

Un amoureux tourne au comique aussi bien qu'au tragique : parce que dans l'un et l'autre cas, il est aux mains du génie de l'espèce, qui le domine au point de le ravir à lui-même ; ses actions sont disproportionnées à son caractère. De là vient, dans les degrés supérieurs de la passion, cette couleur si poétique et si sublime dont ses pensées se revêtent, cette élévation transcendante et surnaturelle, qui semble lui faire absolument perdre de vue le but tout physique de son amour. C'est que le génie de l'espèce et ses intérêts supérieurs l'animent maintenant. Il a reçu la mission de fonder une suite indéfinie de générations douées d'une certaine constitution et formées de certains éléments qui ne peuvent se rencontrer que dans un seul père et une seule mère ; cette union et celle-là seulement peut donner l'existence à la génération déterminée que la volonté de vivre exige expressément. Le sentiment qu'il a d'agir dans des circonstances d'une importance si transcendante, transporte l'amant à une telle hauteur au-dessus des choses terrestres et même au-dessus de lui-même, et revêt ses désirs matériels d'une apparence tellement immatérielle, que l'amour est un épisode poétique, même dans la vie de l'homme le plus prosaïque, ce qui le rend parfois ridicule. — Cette mission que la volonté, soucieuse des intérêts de l'espèce, impose à l'amant se présente sous le masque d'une félicité infinie qu'il espère trouver dans la possession de la femme qu'il aime. Aux degrés suprêmes de la passion cette chimère est si étincelante que, si on ne peut l'atteindre, la vie même perd tout charme, et paraît désormais si vide de joies, si fade et si insipide, que le dégoût qu'on en éprouve surmonte même l'effroi de la mort; 'infortuné abrège parfois volontairement ses jours. Dans ce cas, la volonté de l'homme est entrée dans le tourbillon de la volonté de l'espèce, ou bien cette dernière l'emporte tellement sur la volonté individuelle, que si l'amant ne peut agir en qualité de représentant de cette volonté de l'espèce, il dédaigne d'agir au nom de la sienne propre. L'individu est un vase trop fragile pour contenir l'aspiration infinie de la volonté de l'espèce concentrée sur un objet déterminé. Dès lors il n'y a d'autre issue que le suicide, parfois le double suicide des deux amants; à moins que la nature, pour sauver l'existence, ne laisse arriver la folie qui couvre de son voile la conscience d'un état désespéré. — Chaque année plusieurs cas analogues viennent confirmer cette vérité.

Mais ce n'est pas seulement la passion qui a parfois une issue tragique : l'amour satisfait conduit plus souvent aussi au malheur qu'au bonheur. Car les exigences de l'amour, en conflit avec le bien-être personnel de l'amant, sont tellement incompatibles avec les autres circonstances de sa vie et ses plans d'avenir qu'elles minent tout l'édifice de ses projets, de ses espérances et de ses rêves. L'amour n'est pas seulement en contradiction avec les relations sociales, souvent il l'est aussi avec la nature intime de l'individu, lorsqu'il se fixe sur des personnes qui, en dehors des rapports sexuels, seraient haïes de leur amant, méprisées, et même abhorrées. Mais la volonté de l'espèce a tant de puissance sur l'individu, que l'amant fait taire ses répugnances et ferme les yeux sur les défauts de celle qui aime : il passe légèrement sur tout, il méconnaît tout, et s'unit pour toujours à l'objet de sa passion, tant il est ébloui par cette illusion, qui s'évanouit dès que la volonté de l'espèce est satisfaite et qui laisse derrière elle pour toute la vie une compagne détestée. Ainsi seulement l'on s'explique que des hommes raisonnables et même distingués, s'unissent à des harpies et épousent des mégères, et ne comprennent pas comment ils ont pu faire un tel choix. Voilà pourquoi les anciens représentaient l'amour avec un bandeau. Il peut même arriver qu'un amoureux reconnaisse clairement les vices intolérables de tempérament et de caractère chez sa fiancée, qui lui présagent une vie tourmentée, il se peut qu'il en souffre amèrement, sans qu'il ait le courage de renoncer à elle :

> I ask not, I care not,
> If guilt's in thy heart;
> I know that I love thee,
> Watever thou art.

Si tu es coupable, peu m'importe, je ne le demande point ; je sais que je t'aime telle que tu es et cela me suffit.

Car, au fond, ce n'est pas son propre intérêt qu'il poursuit, bien qu'il se l'imagine, mais celui d'un troisième individu, qui doit naître de cet amour. Ce désintéressement, qui est partout le sceau de la grandeur, donne ici à l'amour passionné cette apparence sublime, et en fait un digne objet de poésie. — Enfin, il arrive que l'amour se concilie avec la haine la plus violente pour l'être aimé, aussi Platon l'a-t-il comparé à l'amour des loups pour les brebis. Ce cas se présente, quand un amoureux passionné, malgré tous les efforts et toutes les prières, ne peut à aucun prix se faire écouter.

> I love and hate her.
> Shakespeare, *Cymb.*, III, 5
>
> Je l'aime et je la hais

Sa haine contre la personne aimée l'enflamme alors et va si loin qu'il tue sa maîtresse puis se donne la mort. Il se produit chaque année des exemples de cette sorte, on les trouve dans les journaux. Que de vérité dans ces vers de Gœthe :

> Par tout amour méprisé ! par les éléments infernaux!
> Je voudrais connaître une imprécation encore plus atroce !

Ce n'est vraiment pas une hyperbole quand un amoureux traite de cruauté la froideur de sa bien-aimée, ou le plaisir qu'elle trouve à le faire souffrir. Il est, en effet, sous l'influence d'un penchant qui, analogue à l'instinct des insectes, l'oblige malgré la raison à suivre absolument son but, et à négliger tout le reste. Plus d'un Pétrarque a dû traîner son amour tout le long de sa vie, sans espoir, comme une chaîne, comme un boulet de fer au pied, et exhaler ses soupirs dans la solitude des forêts ; mais il n'y a eu qu'un Pétrarque doué en même temps du don de poésie ; à lui s'applique le beau vers de Gœthe :

> Et quand l'homme dans sa douleur se tait,
> Un dieu m'a donné d'exprimer combien je souffre. »

Le génie de l'espèce est toujours en guerre avec les génies protecteurs des individus, il est leur persécuteur et leur ennemi, toujours prêt à détruire sans pitié le bonheur personnel, pour arriver à ses fins ; et on a vu le salut de nations entières dépendre parfois de ses caprices ; Shakespeare nous en donne un exemple dans Henri VI, P. 3, act. 3, sc. 2 et 3. L'espèce, en effet, en laquelle notre être prend racine, a sur nous un droit antérieur et plus immédiat que l'individu, ses affaires passent avant les nôtres. Les anciens ont senti cela, quand ils ont personnifié le génie de l'espèce dans Cupidon, dieu hostile, dieu cruel, malgré son air enfantin, dieu justement décrié, démon capricieux, despotique, et pourtant maître des dieux et des hommes :

> σύ δ'ὦ θεῶν τύραννε κ'ανθρώπων, Ἔρως !
> Tu, deorum hominumque tyranne, Amor !

Des flèches meurtrières, un bandeau et des ailes sont ses attributs. Les ailes marquent l'inconstance, suite ordinaire de la déception qui accompagne le désir satisfait.

Comme, en effet, la passion reposait sur l'illusion d'une félicité personnelle, au profit de l'espèce, le tribut une fois payé à l'espèce, l'illusion décevante doit s'évanouir. Le génie de l'espèce qui avait pris possession de l'individu, l'abandonne de nouveau à sa liberté. Délaissé par lui, il retombe dans les bornes étroites de sa pauvreté, et s'étonne de voir qu'après tant d'efforts sublimes, héroïques et infinis, il ne lui reste rien de plus qu'une vulgaire satisfaction des sens : contre toute attente, il ne se trouve pas plus heureux qu'avant. Il s'aperçoit qu'il a été la dupe de la volonté de l'espèce. Aussi, règle générale, Thésée une fois heureux abandonne son Ariane. La passion de Pétrarque eût-elle été satisfaite, son chant aurait cessé, comme celui de l'oiseau, dès que les œufs sont posés dans le nid.

Remarquons, en passant, que ma métaphysique de l'amour déplaira sûrement aux amoureux qui se sont laissé prendre au piège. S'ils étaient accessibles à la raison, la vérité fondamentale que j'ai découverte les rendrait, plus que toute autre, capables de surmonter leur amour. Mais il faut bien s'en tenir à la sentence du vieux poète comique : *Quæ res in se neque consilium, neque modum habet ullum, eam consilio regere non potes.*

Les mariages d'amour sont conclus dans l'intérêt de l'espèce et non au profit de l'individu. Les individus s'imaginent, il est vrai, travailler à leur propre bonheur : mais le but véritable leur est étranger à eux-mêmes, puisqu'il n'est autre que la procréation d'un être qui n'est possible que par eux. Obéissant l'un et l'autre à la même impulsion, ils doivent naturellement chercher à s'accorder ensemble le mieux possible. Mais très-souvent, grâce à cette illusion instinctive qui est l'essence de l'amour, le couple ainsi formé se trouve sur tout le reste dans le plus criant désaccord. On le voit bien dès que l'illusion s'est fatalement évanouie. Alors il arrive que les mariages d'amour sont assez régulièrement malheureux, parce qu'ils assurent le bonheur de la génération future, mais aux dépens de la génération présente. *Quien se casa por amores, ha de vivir con dolores.* — Quiconque se marie par amour, vivra dans les douleurs, dit le proverbe espagnol.— C'est le contraire qui a lieu dans les mariages de convenance, conclus la plupart du temps d'après le choix des parents. Les considérations qui déterminent ces sortes de mariages, de quelque nature qu'elles puissent être, ont du moins une réalité et ne peuvent disparaître d'elles-mêmes. Ces considérations sont capables d'assurer le bonheur des époux, mais aux dépens des enfants qui doivent naître d'eux, et encore ce bonheur reste problématique. L'homme qui, en se mariant, se préoccupe plus encore de l'argent que de son inclination, vit plus dans l'individu que dans l'espèce ; ce qui est absolument opposé à la vérité, à la nature, et mérite un certain mépris. Une jeune fille qui, malgré les conseils de ses parents, refuse la main d'un homme riche et encore jeune, et rejette toutes les considérations de convenances, pour choisir selon son goût instinctif, fait à l'espèce le sacrifice de son bonheur individuel. Mais justement à cause de cela, on ne saurait lui refuser une certaine approbation, car elle a préféré ce qui importe plus que le reste, elle agit dans le sens de la nature (ou plus exactement de l'espèce), tandis que les parents conseillaient dans le sens de l'égoïsme individuel. — Il semble donc que dans la conclusion d'un mariage il faille sacrifier les intérêts de l'espèce ou ceux de l'individu. La plupart du temps, il en est ainsi, tant il est rare de voir les convenances et la passion marcher la main dans la main. La misérable constitution physique, morale ou intellectuelle de la plupart des hommes provient sans doute en partie de ce que les mariages sont conclus habituellement non par choix ou inclination pure, mais pour des considérations extérieures de toute sorte et d'après des circonstances accidentelles. Lorsque, en même temps que les convenances, l'inclination est jusqu'à un certain point respectée, c'est une sorte de transaction que l'on fait avec le génie de l'espèce. Les mariages heureux sont, on le sait, fort rares, parce qu'il est de l'essence du mariage d'avoir comme but principal non la génération actuelle, mais la génération future. Cependant ajoutons encore pour la consolation des natures tendres et aimantes que l'amour passionné s'associe parfois à un sentiment d'une origine toute différente, je veux dire l'amitié, fondée sur l'accord des caractères ; mais elle ne se déclare qu'une fois que l'amour s'est éteint dans la jouissance. L'accord des qualités complémentaires, morales, intellectuelles et physiques, nécessaire au point de vue de la génération future pour faire naître l'amour, peut aussi, au point de vue des individus eux-mêmes, par une sorte d'opposition concordante de tempérament et de caractère, produire l'amitié.

Toute cette métaphysique de l'amour que je viens de traiter ici, se rattache étroitement à ma métaphysique en général, elle l'éclaire d'un jour nouveau, et voici comment.

On a vu que, dans l'amour des sexes, la sélection attentive, s'élevant peu à peu jusqu'à l'amour passionné, repose sur l'intérêt si haut et si sérieux que l'homme prend à la constitution spéciale et personnelle de la race à venir. Cette sympathie extrêmement remarquable confirme justement deux vérités présentées dans les précédents chapitres : d'abord l'indestructibilité de l'être en soi qui survit pour l'homme, dans ces générations à venir. Cette sympathie, si vive et si agissante, qui naît non de la réflexion et de l'intention, mais des aspirations et des tendances les plus intimes de notre être, ne pourrait exister d'une manière si indestructible et exercer sur l'homme un si grand empire, si l'homme était absolument éphémère, et si les générations se succédaient réellement et absolument distinctes les unes des autres, n'ayant d'autre lien que la continuité du temps. La seconde vérité, c'est que l'être en soi réside dans l'espèce plus que dans l'individu. Car cet intérêt pour la constitution spéciale de l'espèce, qui est à l'origine de tout commerce d'amour, depuis le caprice le plus passager, jusqu'à la passion la plus sérieuse, reste véritablement pour chacun la plus grande affaire, c'est-à-dire celle dont le succès ou l'insuccès le touche de la façon la plus sensible ; d'où lui vient par excellence le nom d'affaire de cœur. Aussi, quand cet intérêt a parlé d'une manière décisive, tout autre intérêt ne concernant que la personne privée lui est subordonné et au besoin sacrifié. L'homme prouve ainsi que l'espèce lui importe plus que l'individu, et qu'il vit plus directement dans l'espèce que dans l'individu. — Pourquoi donc l'amoureux est-il suspendu avec un complet abandon aux yeux de celle qu'il a choisie, pourquoi est-il prêt à lui faire tout sacrifice ? — Parce que c'est la partie immortelle de son être qui soupire vers elle ; tandis que tout autre de ses désirs ne se rapporte qu'à son être fugitif et mortel. — Cette aspiration vive, fervente, dirigée vers une certaine femme, est donc un gage de l'indestructibilité de l'essence de notre être et de sa continuité dans l'espèce. Considérer cette continuité comme quelque chose d'insuffisant et d'insignifiant, c'est une erreur qui naît de ce que, par la continuité de vie de l'espèce, on n'entend pas autre chose que l'existence future d'êtres semblables à nous, mais nullement identiques, et cela parce que, partant d'une connaissance dirigée vers les choses extérieures, l'on ne considère que la figure extérieure de l'espèce, telle que nous la concevons par intuition, et non son intime essence. Cette essence cachée est justement ce qui est au fond de notre conscience et en forme le point central, ce qui est même plus immédiat que cette conscience : et, en tant que chose en soi, affranchie du « *principium individuationis* » cette essence se trouve absolument identique dans tous les individus, qu'ils existent au même moment ou qu'ils se succèdent. C'est là ce que j'appelle, en d'autres termes, la volonté de vivre, c'est-à-dire cette aspiration pressante à la vie et à la durée. C'est justement cette force que la mort épargne et laisse intacte, force immuable qui ne peut conduire à un état meilleur. Pour tout être vivant, la souffrance et la mort sont non moins certaines que l'existence. On peut cependant s'affranchir des souffrances et de la mort par la négation de la volonté de vivre, qui a pour effet de détacher la volonté de l'individu du rameau de l'espèce, et de supprimer l'existence dans l'espèce. Ce que devient alors cette volonté nous n'en avons point d'idée et nous manquons de toutes données sur ce point. Nous ne pouvons désigner un tel état que comme ayant la liberté d'être volonté de vivre ou de ne l'être pas. Dans ce dernier cas, c'est ce que le bouddhisme appelle Nirvana ; c'est précisément le point qui par sa nature même reste à jamais inaccessible à toute connaissance humaine.

Si maintenant, nous mettant au point de vue de ces dernières considérations, nous plongeons nos regards dans le tumulte de la vie, nous voyons sa misère et ses tourments occuper tous les hommes ; nous voyons les hommes réunir tous leurs efforts pour satisfaire des besoins sans fin et se préserver de la misère aux mille faces, sans pourtant oser espérer autre chose que la conservation, pendant un court espace de temps, de cette même existence individuelle si tourmentée. Et voilà qu'en pleine mêlée, nous apercevons deux amants dont les regards se croisent pleins de désirs. — Mais pourquoi tant de mystère, pourquoi ces allures craintives et dissimulées ? — Parce que ces amants sont des traîtres, qui travaillent en secret à perpétuer toute la misère et les tourments qui, sans eux, auraient une fin prochaine, cette fin qu'ils veulent rendre vaine, comme d'autres avant eux l'ont rendue vaine.

Si l'esprit de l'espèce qui dirige deux amants, à leur insu, pouvait parler par leur bouche et exprimer des idées claires, au lieu de se manifester par des sentiments instinctifs, la haute poésie de ce dialogue amoureux, qui dans le langage actuel ne parle que par images romanesques et paraboles idéales d'aspirations infinies, de pressentiments d'une volupté sans bornes, d'ineffable félicité, de fidélité éternelle, etc... se traduirait ainsi :

DAPHNIS. — J'aimerais à faire cadeau d'un individu à la génération future, et je crois que tu pourrais lui donner ce qui me manque.

CHLOÉ. — J'ai la même intention, et je crois que tu pourrais lui donner ce que je n'ai pas. Voyons un peu !

DAPHNIS. — Je lui donne une haute stature et la force musculaire : tu n'as ni l'une ni l'autre.

CHLOÉ. — Je lui donne de belles formes et de très petits pieds : tu n'as ni ceci ni cela.

DAPHNIS. — Je lui donne une fine peau blanche que tu n'as pas.

CHLOÉ. — Je lui donne des cheveux noirs et des yeux noirs : tu es blond.

DAPHNIS. — Je lui donne un nez aquilin.

CHLOÉ. — Je lui donne une petite bouche.

DAPHNIS. — Je lui donne du courage et de la bonté qui ne sauraient venir de toi.

CHLOÉ. — Je lui donne un beau front, l'esprit et l'intelligence, qui ne pourraient lui venir de toi.

DAPHNIS. — Taille droite, belles dents, santé solide, voilà ce qu'il reçoit de nous deux : vraiment, tous les deux ensemble nous pouvons douer en perfection l'individu futur ; aussi je te désire plus que toute autre femme.

CHLOÉ. — Et moi aussi je te désire. — (M. 391) (1).

---

(1) Si l'on tient compte de l'immutabilité absolue du caractère et de l'intelligence de chaque homme, il faut admettre que

Sterne dit dans *Tristram Shandy : there is no passion so serious as lust.* — En effet, la volupté est très sérieuse. Représentez-vous le couple le plus beau, le plus charmant, comme il s'attire et se repousse, se désire et se fuit avec grâce dans un beau jeu d'amour. Vienn l'instant de la volupté, tout badinage, toute gaîté gracieuse et douce ont subitement disparu. Le couple est devenu sérieux. Pourquoi ? C'est que la volupté est bestiale, et la bestialité ne rit pas. Les forces de la nature agissent partout sérieusement. — La volupté des sens est l'opposé de l'enthousiasme qui nous ouvre le monde idéal. L'enthousiasme et la volupté sont graves et ne comportent pas le badinage. — (N. 406.)

---

pour ennoblir l'espèce humaine, on ne saurait rien tenter du dehors ; on obtiendrait ce résultat non par l'éducation et l'instruction, mais par la voie de la génération. C'est l'idée de Platon quand, au V⁰ livre de sa *République*, il expose ce plan étonnant de l'accroissement et de l'ennoblissement de la caste des guerriers. Si l'on pouvait faire de tous les coquins des eunuques, enfermer toutes les dindes dans des couvents, procurer aux gens de caractère tout un harem, et pourvoir d'hommes, de vrais hommes, toutes les jeunes filles intelligentes et spirituelles, on verrait bientôt naître une génération qui nous donnerait un âge encore supérieur au siècle de Périclès.

Sans nous laisser aller à des plans chimériques, il y aurait lieu de réfléchir, que si l'on établissait, après la peine de mort, la castration comme la peine la plus grande, on délivrerait la société de générations entières de coquins, et cela d'autant plus sûrement, que, comme on le sait, la plupart des crimes sont commis entre l'âge de 20 et 30 ans (W. II 604.)

(Note de Schopenhauer.)

II

ESSAI SUR LES FEMMES [1]

Leur destinée. — Beauté passagère. — Précocité, limites de leur intelligence. Elles vivent plus que l'homme dans le présent, elles sont plus portées vers la pitié que vers la justice ; le mensonge est la défense naturelle de leur faiblesse.

Les passions des femmes servent les intérêts de l'espèce. Leur rivalité vient de leur vocation unique.

Au fond ce sexe laid n'a pas le sentiment du beau. Si elles affectent d'aimer les arts, c'est uniquement par désir de plaire.

La *dame* en Occident.

Le mariage, un piége et une servitude.

L'honneur des femmes.

... Le seul aspect de la femme révèle qu'elle n'est destinée ni aux grands travaux de l'intelligence, ni aux grands travaux matériels. Elle paie sa dette à la vie non par l'action mais par la souffrance, les douleurs de l'enfantement, les soins inquiets de l'enfance ; elle doit obéir à l'homme, être une compagne patiente qui le rassérène. Elle n'est faite ni pour les grands efforts, ni

[1] P. II. 649.

pour les peines ou les plaisirs excessifs ; sa vie peut s'écouler plus silencieuse, plus insignifiante et plus douce que celle de l'homme, sans qu'elle soit, par nature, ni meilleure ni pire.

Ce qui rend les femmes particulièrement aptes à soigner, à élever notre première enfance, c'est qu'elles restent elles-mêmes puériles, futiles et bornées ; elles demeurent toute leur vie de grands enfants, une sorte d'intermédiaire entre l'enfant et l'homme. Que l'on observe une jeune fille folâtrant tout le long du jour avec un enfant, dansant et chantant avec lui, et qu'on imagine ce qu'un homme, avec la meilleure volonté du monde, pourrait faire à sa place.

Chez les jeunes filles, la nature semble avoir voulu faire ce qu'en style dramatique on appelle un coup de théâtre ; elle les pare pour quelques années d'une beauté, d'une grâce, d'une perfection extraordinaires, aux dépens de tout le reste de leur vie, afin que pendant ces rapides années d'éclat elles puissent s'emparer fortement de l'imagination d'un homme et l'entraîner à se charger loyalement d'elles d'une manière quelconque. Pour réussir dans cette entreprise la pure réflexion et la raison ne donnaient pas de garantie suffisante. Aussi la nature a-t-elle armé la femme, comme toute autre créature, des armes et des instruments nécessaires pour assurer son existence et seulement pendant le temps indispensable, car la nature en cela agit avec son économie habituelle : de même que la fourmi femelle, après son union avec le mâle, perd les ailes qui lui deviendraient inutiles et même dangereuses pour la période d'incubation, de même aussi la plupart du temps, après deux ou trois couches, la femme perd sa beauté, sans doute pour la même raison. De là vient que les jeunes filles regardent généralement les occupations du ménage ou les devoirs de leur état comme des choses accessoires et de pures bagatelles, tandis qu'elles reconnaissent leur véritable vocation dans l'amour, les conquêtes et tout ce qui en dépend, la toilette, la danse, etc.

Plus une chose est noble et accomplie, plus elle se développe lentement et tardivement. La raison et l'intelligence de l'homme n'atteignent guère tout leur développement que vers la vingt-huitième année ; chez la femme, au contraire, la maturité de l'esprit arrive à la dix-huitième année. Aussi n'a-t-elle qu'une raison de dix-huit ans bien strictement mesurée. C'est pour cela que les femmes restent toute leur vie de vrais enfants. Elles ne voient que ce qui est sous leurs yeux, s'attachent au présent, prenant l'apparence pour la réalité et préférant les niaiseries aux choses les plus importantes. Ce qui distingue l'homme de l'animal c'est la raison ; confiné dans le présent, il se reporte vers le passé et songe à l'avenir : de là sa prudence, ses soucis, ses appréhensions fréquentes. La raison débile de la femme ne participe ni à ces avantages, ni à ces inconvénients; elle est affligée d'une myopie intellectuelle qui lui permet, par une sorte d'intuition, de voir d'une façon pénétrante les choses prochaines ; mais son horizon est borné, ce qui est lointain lui échappe. De là vient que tout ce qui n'est pas immédiat, le passé et l'avenir, agissent plus faiblement sur la femme que sur nous : de là aussi ce penchant bien plus fréquent à la prodigalité, qui parfois touche à la démence. Au fond du cœur les femmes s'imaginent que les hommes sont faits pour gagner de l'argent et les femmes pour le dépenser ; si elles en sont empêchées pendant la vie de leur mari, elles se dédommagent après sa mort. Et ce qui contribue à les confirmer dans cette conviction, c'est que leur mari leur donne l'argent et les charge d'entretenir la maison. — Tant de côtés défectueux sont pourtant compensés par un avantage : la femme plus absorbée dans le moment présent, pour peu qu'il soit supportable en jouit plus que nous ; de là cet enjouement qui lui est propre et la rend capable de distraire et parfois de consoler l'homme accablé de soucis et de peines.

Dans les circonstances difficiles il ne faut pas dédaigner de faire appel, comme autrefois les Germains, aux conseils des femmes ; car elles ont une manière de concevoir les choses toute différente de la nôtre. Elles vont au but par le chemin le plus court, parce que leurs regards s'attachent, en général, à ce qu'elles ont sous la main. Pour nous, au contraire, notre regard dépasse sans s'y arrêter les choses qui nous crèvent les yeux, et cherche bien au delà ; nous avons besoin d'être ramenés à une manière de voir plus simple et plus rapide. Ajoutez à cela que les femmes ont décidément un esprit plus posé, et ne voient dans les choses que ce qu'il y a réellement ; tandis que, sous le coup de nos passions excitées, nous grossissons les objets, et nous nous peignons des chimères.

Les mêmes aptitudes natives expliquent la pitié, l'humanité, la sympathie que les femmes témoignent aux malheureux, tandis qu'elles sont inférieures aux hommes en tout ce qui touche à l'équité, à la droiture et à la scrupuleuse probité. A cause de la faiblesse de leur raison, tout ce qui est présent, visible et immédiat, exerce sur elles un empire contre lequel ne sauraient prévaloir ni les abstractions, ni les maximes établies, ni les résolutions énergiques, ni aucune considération du passé ou de l'avenir, de ce qui est éloigné ou absent Elles ont de la vertu les qualités premières et principales, mais les secondaires et les accessoires leur font défaut..... Aussi l'injustice est-elle le défaut capital des natures féminines. Cela vient du peu de bon sens et de réflexion que nous avons signalé, et ce qui aggrave encore ce défaut, c'est que la nature, en leur refusant la force, leur a donné, pour protéger leur faiblesse, la ruse en partage ; de là leur fourberie instinctive et leur invincible penchant au mensonge. Le lion a ses dents et ses griffes; l'éléphant, le sanglier ont leurs défenses, le taureau a ses cornes, la sèche a son encre, qui lui sert à brouiller l'eau autour d'elle ; la nature n'a donné à la femme pour se défendre et se protéger que la dissimulation; cette faculté supplée à la force que l'homme puise dans la vigueur de ses membres et dans sa raison. La dissimulation est innée chez la femme, chez la plus fine, comme chez la plus sotte. Il lui est aussi naturel d'en user en toute occasion qu'à un animal attaqué de se défendre aussitôt avec ses armes naturelles ; et en agissant ainsi, elle a jusqu'à un certain point conscience de ses droits : ce qui fait qu'il est presque impossible de rencontrer une femme absolument véridique et sincère. Et c'est justement pour cela qu'elle pénètre si aisément la dissimulation d'autrui et qu'il n'est pas prudent d'en faire usage avec elle. — De ce défaut fondamental et de ses conséquences naissent la fausseté, l'infidélité, la trahison, l'ingratitude, etc. Les femmes aussi se parjurent en justice bien plus fréquemment que les hommes, et ce serait une question de savoir si on doit les admettre à prêter serment. — Il arrive de temps en temps que des dames, à qui rien ne manque, sont surprises dans les magasins en flagrant délit de vol.

Les hommes jeunes, beaux, robustes, sont destinés par la nature à propager l'espèce humaine, afin que celle-ci ne dégénère pas. Telle est la ferme volonté que la nature exprime par les passions des femmes. C'est assurément de toutes les lois la plus ancienne et la plus puissante. Malheur donc aux intérêts et aux droits qui lui font obstacle. Ils seront, le moment venu, quoiqu'il arrive, impitoyablement écrasés. Car la morale secrète, inavouée et même inconsciente, mais innée des femmes, est celle-ci : « Nous sommes fondées en droit à tromper ceux qui s'imaginent qu'ils peuvent, en pourvoyant économiquement à notre subsistance, confisquer à leur profit les droits de l'espèce. C'est à nous qu'ont été confiés, c'est sur nous que reposent la constitution et le salut de l'espèce, la création de la génération future ; c'est à nous d'y travailler en toute conscience. » Mais les femmes ne s'intéressent nullement à ce principe supérieur *in abstracto*, elles le comprennent seulement *in concreto*, et n'ont, quand l'occasion s'en présente, d'autre manière de l'exprimer que leur manière d'agir ; et sur ce sujet leur conscience les laisse bien plus en repos qu'on ne pourrait le croire, car dans le fond le plus obscur de leur cœur, elles sentent vaguement qu'en trahissant leurs devoirs envers l'individu, elles le remplissent d'autant mieux envers l'espèce qui a des droits infiniment supérieurs.

Comme les femmes sont uniquement créées pour la propagation de l'espèce et que toute leur vocation se concentre en ce point, elles vivent plus pour l'espèce que pour les individus, et prennent plus à cœur les intérêts de l'espèce que les intérêts des individus. C'est ce qui donne à tout leur être et à leur conduite une certaine légèreté et des vues opposées à celles de l'homme : telle est l'origine de cette désunion si fréquente dans le mariage, qu'elle en est devenue presque normale.

Les hommes entre eux sont naturellement indifférents; les femmes sont, par nature, ennemies. Cela doit tenir à ce que *l'odium figulinum*, la rivalité qui est restreinte chez les hommes à chaque corps de métier, embrasse chez les femmes toute l'espèce, car elles n'ont toutes qu'un même métier, qu'une même affaire. Dans la rue, il suffit qu'elles se rencontrent pour qu'elles échangent déjà des regards de Guelfes et de Gibelins. Il saute aux yeux qu'à une première entrevue deux femmes ont plus de contrainte, de dissimulation et de réserve que n'en auraient deux hommes en pareil cas. Pour la même raison les compliments entre femmes semblent plus ridicules qu'entre hommes. Remarquez en outre que l'homme parle en général avec quelques égards et une certaine humanité à ses subordonnés même les plus infimes, mais il est insupportable de voir avec quelle hauteur une femme du monde s'adresse a une femme de classe inférieure, quand elle n'est pas à son service. Cela tient peut-être à ce qu'entre femmes, les différences de rang sont infiniment plus précaires que chez les hommes et que ces différences peuvent être modifiées ou supprimées aisément ; le rang qu'un homme occupe dépend de mille considérations ; pour les femmes une seule décide de tout : l'homme à qui elles ont su plaire. Leur unique fonction les met sur un pied d'égalité bien plus marqué, aussi cherchent-elles à créer entre elles des différences de rang.

Il a fallu que l'intelligence de l'homme fût obscurcie par l'amour pour qu'il ait appelé beau ce sexe de petite taille, aux épaules étroites, aux larges hanches et aux jambes courtes ; toute sa beauté en effet réside dans l'instinct de l'amour. Au lieu de le nommer beau, il eût été plus juste de l'appeler l'*inesthétique*. Les femmes n'ont ni le sentiment, ni l'intelligence de la musique, pas plus que de la poésie ou des arts plastiques ; ce n'est chez elles que pure singerie, pur prétexte, pure affectation exploitée par leur désir de plaire. Elles sont incapables de prendre une part désintéressée à quoi que ce soit, en voici la raison. L'homme s'efforce en toute chose de dominer directement soit par l'intelligence, soit par la force ; la femme, au contraire, est toujours et partout réduite à une domination absolument indirecte, c'est-à-dire qu'elle n'a de pouvoir que par l'homme, et c'est sur lui seul qu'elle exerce une influence immédiate. En conséquence, la nature porte les femmes à chercher en toutes choses un moyen de conquérir l'homme, et l'intérêt qu'elles semblent prendre aux choses extérieures est toujours une feinte, un détour, c'est-à-dire pure coquetterie et pure singerie.

Rousseau l'a dit : « Les femmes en général n'aiment aucun art, ne se connaissent à aucun et n'ont aucun génie (1). » Ceux qui ne s'arrêtent pas aux apparences ont pu le remarquer déjà. Il suffit d'observer par exemple ce qui occupe et attire leur attention dans un concert, à l'opéra ou à la comédie, de remarquer le sans-façon avec lequel, aux plus beaux endroits des plus grands chefs-d'œuvre, elles continuent leur caquetage. S'il est vrai que les Grecs n'aient pas admis les femmes au spectacle, ils ont eu bien raison ; dans leurs théâtres l'on pouvait du moins entendre quelque chose. De notre temps, il serait bon d'ajouter au *mulier taceat in ecclesia*, un *taceat mulier in theatro*, ou bien de substituer un précepte à l'autre, et de suspendre ce dernier en gros caractères sur le rideau de la scène. — Mais que peut-on attendre de mieux de la part des femmes, si l'on réfléchit que dans le monde entier, ce sexe n'a pu produire un seul esprit véritablement grand, ni une œuvre complète et originale dans les beaux-arts, ni en quoi que ce soit un seul ouvrage d'une valeur durable. Cela est saisissant dans la peinture ; elles sont pourtant aussi capables que nous d'en saisir le côté technique et elles cultivent assidûment cet art, sans pouvoir se faire gloire d'un seul chef-d'œuvre, parce qu'il leur manque justement cette objectivité de l'esprit qui est surtout nécessaire dans la peinture ; elles ne peuvent sortir d'elles-mêmes. Aussi les femmes ordinaires ne sont même pas capables d'en sentir les beautés, car *natura non facit saltus*. Huarte, dans son ouvrage célèbre

---

(1) Lettre à d'Alembert, note XX.

« *Examen de ingenios para las sciencias* », qui date de 300 ans, refuse aux femmes toute capacité supérieure. Des exceptions isolées et partielles ne changent rien aux choses ; les femmes sont, et resteront, prises dans leur ensemble, les Philistins les plus accomplis et les plus incurables. Grâce à notre organisation sociale, absurde au suprême degré, qui leur fait partager le titre et la situation de l'homme si élevés qu'ils soient, elles excitent avec acharnement ses ambitions les moins nobles, et par une conséquence naturelle de cette absurdité, leur domination, le ton qu'elles imposent, corrompent la société moderne. On devrait prendre pour règle cette sentence de Napoléon Ier : « Les femmes n'ont pas de rang. » Chamfort dit aussi très justement : « Elles sont faites pour commercer avec
« nos faiblesses, avec notre folie, mais non avec notre
« raison. Il existe entre elles et les hommes des sym-
« pathies d'épiderme, et très peu de sympathies d'es-
« prit, d'âme et de caractère. » Les femmes sont le *sexus sequior*, le sexe second à tous égards, fait pour se tenir à l'écart et au second plan. Certes, il faut épargner leur faiblesse, mais il est ridicule de leur rendre hommage, et cela même nous dégrade à leurs yeux. La nature, en séparant l'espèce humaine en deux catégories, n'a pas fait les parts égales..... — C'est bien ce qu'ont pensé de tout temps les anciens et les peuples de l'Orient ; ils se rendaient mieux compte du rôle qui convient aux femmes, que nous ne le faisons avec notre galanterie à l'ancienne mode française et notre stupide vénération, qui est bien l'épanouissement le plus complet de la sottise germano-chrétienne. Cela n'a

servi qu'à les rendre si arrogantes, si impertinentes : parfois elles me font penser aux singes sacrés de Bénarès, qui ont si bien conscience de leur dignité sacro-sainte et de leur inviolabilité, qu'ils se croient tout permis.

La femme en Occident, ce qu'on appelle *la dame*, se trouve dans une position tout à fait fausse, car la femme, le *sexus sequior* des anciens, n'est nullement faite pour inspirer de la vénération et recevoir des hommages, ni pour porter la tête plus haute que l'homme, ni pour avoir des droits égaux aux siens. Les conséquences de cette *fausse position* ne sont que trop évidentes. Il serait à souhaiter qu'en Europe on remît à sa place naturelle ce numéro deux de l'espèce humaine et que l'on supprimât la *dame*, objet des railleries de l'Asie entière, dont Rome et la Grèce se seraient également moquées. Cette réforme serait au point de vue politique et social un véritable bienfait. Le principe de la loi salique est si évident, si indiscutable, qu'il semble inutile à formuler. Ce qu'on appelle à proprement parler la dame européenne est une sorte d'être qui ne devrait pas exister. Il ne devrait y avoir au monde que des femmes d'intérieur, appliquées au ménage, et des jeunes filles aspirant à le devenir, et que l'on formerait non à l'arrogance, mais au travail et à la soumission. C'est précisément parce qu'il y a des dames en Europe que les femmes de la classe inférieure, c'est-à-dire la grande majorité, sont infiniment plus à plaindre qu'en Orient (1).

(1) Schopenhauer cite en cet endroit le passage suivant de lord Byron (*Letters and journals by Th. Moore*, vol. II, p. 399), dont voici la traduction : « Réfléchi à la situation des

Les lois qui régissent le mariage en Europe supposent la femme égale de l'homme, et ont ainsi un point de départ faux. Dans notre hémisphère monogame, se marier, c'est perdre la moitié de ses droits et doubler ses devoirs. En tout cas, puisque les lois ont accordé aux femmes les mêmes droits qu'aux hommes, elles auraient bien dû aussi leur conférer une raison virile. Plus les lois confèrent aux femmes des droits et des honneurs supérieurs à leur mérite, plus elles restreignent le nombre de celles qui ont réellement part à ces faveurs, et elles enlèvent aux autres leurs droits naturels, dans la même proportion où elles en ont donné d'exceptionnels à quelques privilégiées. L'avantage que la monogamie et les lois qui en résultent accordent à la femme, en la proclamant l'égale de l'homme, ce qu'elle n'est à aucun point de vue, produit cette conséquence que les hommes sensés et prudents hésitent souvent à se laisser entraîner à un si grand sacrifice, à un pacte si inégal. Chez les peuples polygames chaque femme trouve quelqu'un qui se charge d'elle, chez nous au contraire le nombre des femmes mariées est bien restreint et il y a un nombre infini de femmes qui restent sans protection, vieilles filles végétant tristement, dans

---

femmes sous les anciens Grecs. — Assez convenable. État présent, un reste de la barbarie féodale du moyen âge — artificiel et contre nature. Elles devraient s'occuper de leur intérieur ; on devrait les bien nourrir et les bien vêtir, mais ne les point mêler à la société. Elles devraient aussi être instruites de la religion, mais ignorer la poésie et la politique, ne lire que des livres de piété et de cuisine. De la musique, du dessin, de la danse, et aussi un peu de jardinage et de labourage de temps en temps. Je les ai vues, en Épire, travailler à l'entretien des routes avec succès. Pourquoi non ? ne fanent-elles pas ? ne sont-elles pas laitières ? »

les classes élevées de la société, pauvres créatures soumises à de rudes et pénibles travaux, dans les rangs inférieurs. Ou bien encore elles deviennent de misérables prostituées, traînant une vie honteuse et amenées par la force des choses à former une sorte de classe publique et reconnue, dont le but spécial est de préserver des dangers de la séduction les heureuses femmes qui ont trouvé des maris ou qui en peuvent espérer. Dans la seule ville de Londres, il y a 80,000 filles publiques : vraies victimes de la monogamie, cruellement immolées sur l'autel du mariage. Toutes ces malheureuses sont la compensation inévitable de la dame européenne, avec son arrogance et ses prétentions. Aussi la polygamie est-elle un véritable bienfait pour les femmes considérées dans leur ensemble. De plus, au point de vue rationnel, on ne voit pas pourquoi, lorsqu'une femme souffre de quelque mal chronique, ou qu'elle n'a pas d'enfants, ou qu'elle est à la longue devenue trop vieille, son mari n'en prendrait pas une seconde. Ce qui a fait le succès des Mormons, c'est justement la suppression de cette monstrueuse monogamie. En accordant à la femme des droits au-dessus de sa nature, on lui a imposé également des devoirs au-dessus de sa nature ; il en découle pour elle une source de malheurs. Ces exigences de classe et de fortune sont en effet d'un si grand poids que l'homme qui se marie commet une imprudence s'il ne fait pas un mariage brillant ; s'il souhaite rencontrer une femme qui lui plaise parfaitement, il la cherchera en dehors du mariage, et se contentera d'assurer le sort de sa maîtresse et celui de ses enfants. S'il peut le faire d'une façon juste, raisonnable, suffisante et que la femme cède, sans exiger rigoureusement les droits exagérés que le mariage seul lui accorde, elle perd alors l'honneur, parce que le mariage est la base de la société civile, et elle se prépare une triste vie, car il est dans la nature de l'homme de se préoccuper outre mesure de l'opinion des autres. Si, au contraire, la femme résiste, elle court risque d'épouser un mari qui lui déplaît ou de sécher sur place en restant vieille fille ; car elle a peu d'années pour se décider. C'est à ce point de vue de la monogamie qu'il est bon de lire le profond et savant traité de Thomasius « *De concubinatu* ». On y voit que chez tous les peuples civilisés de tous les temps, jusqu'à la Réforme, le concubinat a été une institution admise, jusqu'à un certain point légalement reconnue et nullement déshonorante C'est la réforme luthérienne qui l'a fait descendre de son rang, parce qu'elle y trouvait une justification du mariage des prêtres, et l'église catholique n'a pu rester en arrière.

Il est inutile de disputer sur la polygamie, puisqu'en fait elle existe partout et qu'il ne s'agit que de l'organiser. Où trouve-t-on de véritables monogames ? Tous, du moins pendant un temps, et la plupart presque toujours, nous vivons dans la polygamie. Si tout homme a besoin de plusieurs femmes, il est tout à fait juste qu'il soit libre, et même qu'il soit obligé de se charger de plusieurs femmes ; celles-ci seront par là même ramenées à leur vrai rôle, qui est celui d'un être subordonné, et l'on verra disparaître de ce monde la *dame*, ce *monstrum* de la civilisation européenne et de la bêtise germano-chrétienne, avec ses ridicules prétentions au respect et à l'honneur ; plus de dames, mais aussi plus de ces malheureuses femmes, qui remplissent maintenant l'Europe ! —

... Il est évident que la femme par nature est destinée à obéir. Et la preuve en est que celle qui est placée dans cet état d'indépendance absolue contraire à sa nature s'attache aussitôt à n'importe quel homme par qui elle se laisse diriger et dominer, parce qu'elle a besoin d'un maître. Est-elle jeune, elle prend un amant ; est-elle vieille, un confesseur (1).

Le mariage est un piège que la nature nous tend. — (M. 355.)

L'honneur des femmes, de même que l'honneur des hommes, est un « esprit de corps » (2) bien entendu. Le premier est de beaucoup le plus important des deux ; parce que dans la vie des femmes les rapports sexuels sont la grande affaire. — L'honneur pour une jeune fille consiste dans la confiance qu'inspire son innocence, et pour une femme dans sa fidélité à son mari. Les femmes attendent des hommes et exigent

---

(1) « Point de jeune femme sans amant : point de vieilles dévotes sans un directeur. » Voltaire *Dictionnaire philosophique* art. *Devot*. — Schopenhauer ne cite pas ici Voltaire.

(2) « Les femmes font cause commune ; elles sont liées par un *esprit de corps*, par une espèce de confédération tacite, qui, comme les ligues secrètes d'un État, prouve peut-être la faiblesse du parti qui se croit obligé d'y avoir recours. »

CHAMFORT.

Schopenhauer n'a pas cité cette pensée de Chamfort.

d'eux tout ce qui leur est nécessaire et tout ce qu'elles désirent. L'homme au fond n'exige de la femme qu'une seule chose. Les femmes doivent donc s'arranger de telle manière que les hommes ne puissent obtenir d'elles cette chose unique qu'en échange du soin qu'ils s'engagent à prendre d'elles et des enfants futurs : de cet arrangement dépend le bonheur de toutes les femmes. Pour l'obtenir, il est indispensable qu'elles se soutiennent et fassent preuve d'esprit de corps. Aussi marchent-elles comme une seule femme et en rangs serrés vis-à-vis de l'armée des hommes, qui, grâce à la prédominance physique et intellectuelle, possèdent tous les biens terrestres ; voilà l'ennemi commun qu'il s'agit de vaincre et de conquérir, afin d'arriver par cette victoire à posséder les biens de la terre. La première maxime de l'honneur féminin a donc été qu'il faut refuser impitoyablement à l'homme tout commerce illégitime, afin de le contraindre au mariage comme à une sorte de capitulation ; seul moyen de pourvoir toute la gent féminine. Pour atteindre ce résultat, la maxime précédente doit être rigoureusement respectée ; toutes les femmes avec un véritable esprit de corps veillent à son exécution. Une jeune fille qui a failli s'est rendue coupable de trahison envers tout son sexe, car si cette action se généralisait, l'intérêt commun serait compromis ; on la chasse de la communauté, on la couvre de honte ; elle se trouve ainsi avoir perdu son honneur. Toute femme doit la fuir comme une pestiférée. Un même sort attend la femme adultère parce qu'elle a manqué à l'un des termes de la capitulation consentie par le mari. Son exemple serait de nature à détourner les hommes de signer un pareil traité, et le salut de toutes les femmes en dépend. Outre cet honneur particulier à son sexe, la femme adultère perd en outre l'honneur civil, parce que son action est une tromperie, un manque grossier à la foi jurée. L'on peut dire avec quelque indulgence « une jeune fille abusée » on ne dit pas « une femme abusée ». Le séducteur peut bien par le mariage rendre l'honneur à la première, il ne peut pas le rendre à la seconde, même après le divorce. — A voir clairement les choses, on reconnaît donc qu'un *esprit de corps* utile, indispensable, mais bien calculé et fondé sur l'intérêt, est le principe de l'honneur des femmes : on ne peut nier son importance extrême dans la destinée de la femme, mais on ne saurait lui attribuer une valeur absolue, au delà de la vie et des fins de la vie, et méritant qu'on lui sacrifie l'existence même...

Ce qui prouverait d'une manière générale que l'honneur des femmes n'a pas une origine vraiment conforme à la nature, c'est le nombre des victimes sanglantes qui lui sont offertes, infanticides, suicides des mères. Si une jeune fille qui prend un amant, commet une véritable trahison envers son sexe, n'oublions pas que le pacte féminin avait été accepté tacitement sans engagement formel de sa part. Et comme dans la plupart des cas elle est la première victime, sa folie est infiniment plus grande que sa dépravation. — (P. I. 388.)

LA MORT

L'amour et la mort. — C'est à l'humanité, et non à des individualités chétives et misérables, qu'on peut assurer la durée. — Ce que le sommeil est pour l'individu, la mort l'est pour l'espèce. — La volonté seule est indestructible. — Éternité de la matière. — Suprême indifférence de la nature devant la ruine des êtres qui, par la mort, retombent dans son sein.

La mort est le génie inspirateur, le musagète de la philosophie... Sans elle on eût difficilement philosophé. — (W. II. 529.)

Naissance et mort appartiennent également à la vie, et se font contre-poids, l'une est la condition de l'autre ; elles forment les deux extrémités, les deux pôles de toutes les manifestations de la vie. C'est ce que la plus sage des mythologies celle des Hindous, exprime par un symbole, en donnant comme attribut à Schiwa, le Dieu de la destruction, en même temps que son collier de têtes de morts, le Lingam, organe et symbole de la génération ; car l'amour est la compensation de la mort, son corrélatif essentiel, ils se neutralisent, se suppriment l'un l'autre. — Ainsi les Grecs et les Romains ornaient ces précieux sarcophages que nous voyons encore, de bas-reliefs figurant des fêtes, des danses, des noces, des chasses, des combats d'animaux, des bacchanales, en un mot des images de la vie la plus joyeuse, la plus animée, la plus intense, jusqu'à des groupes voluptueux, jusqu'à des satyres accouplés à des chèvres. Leur but était évidemment de frapper l'esprit de la manière la plus sensible, par le contraste de la mort de l'homme que l'on pleure, enfermé dans le tombeau, et de la vie immortelle de la nature (1). — (L. 86.)

La mort est la solution douloureuse du nœud formé par la génération avec volupté, c'est la destruction violente de l'erreur fondamentale de notre être ; le grand désabusement. — (L. 91.)

L'individualité de la plupart des hommes est si misérable et si insignifiante qu'ils ne perdent rien par la mort : ce qui, en eux, peut encore avoir quelque valeur, c'est-à-dire les traits généraux d'humanité, — cela subsiste dans les autres hommes. C'est à l'humanité et non à l'individu qu'on peut assurer la durée. Si l'on accordait à l'homme une éternelle vie, la rigide immutabilité de son caractère et les bornes étroites de son intelligence

---

(1) V. Gœthe. *Épigrammes vénitiennes.* I. La même pensée est exprimée en vers admirables.

(*Note du traducteur.*)

lui sembleraient à la longue si monotones et lui inspireraient un si grand dégoût que pour en être débarrassé il finirait par préférer le néant. Exiger l'immortalité de l'individu, c'est vouloir perpétuer une erreur à l'infini. Car au fond toute individualité est une erreur spéciale, une méprise, quelque chose qui ne devrait pas exister; et le vrai but de la vie est de nous en délivrer. Ce qui le prouve bien c'est que la plupart des hommes, on peut dire tous les hommes, sont constitués de telle sorte qu'ils ne pourraient être heureux dans quelque monde où ils rêvent d'être placés. Si ce monde était exempt de misère et de peine, ils deviendraient la proie de l'ennui, et dans la mesure où ils pourraient y échapper ils retomberaient dans les misères, les tourments, les souffrances. Il ne suffirait donc pas, pour conduire l'homme à un état meilleur, de le mettre dans un meilleur monde, il faudrait aussi de toute nécessité, le transformer totalement, faire en sorte qu'il ne soit plus ce qu'il est et qu'il devienne ce qu'il n'est pas. Il doit donc nécessairement cesser d'être ce qu'il est; cette condition préliminaire, la mort l'accomplit, et à ce point de vue on en conçoit la nécessité morale. Être placé dans un autre monde, et changer totalement son être, c'est là au fond une seule et même chose. — Mais une fois que la mort a mis fin à une conscience individuelle, serait-il à souhaiter que cette même conscience soit rallumée de nouveau, pour durer une éternité? Que contient-elle, la plupart du temps? rien autre chose qu'un torrent de pensées pauvres, étroites, terrestres, des soucis sans fin? Laissez-les donc une fois pour toutes reposer en paix. — (L. 89.)

BOURDEAU. — *Schopenhauer*

Il semble que la fin de toute activité vitale soit un merveilleux allègement pour la force qui l'entretient : c'est là ce qui explique peut-être cette expression de douce sérénité répandue sur le visage de la plupart des morts. — (W. II. 536.)

Combien longue est la nuit du temps sans limites comparée au court rêve de la vie! — (N. 216.)

Lorsqu'en automne on observe le petit monde des insectes, et que l'on voit que l'un se prépare un lit pour dormir le lourd et long sommeil d'hiver, que l'autre fait sa coque pour passer l'hiver à l'état de chrysalide et renaître un jour au printemps dans toute sa jeunesse et dans toute sa perfection, et qu'enfin la plupart, songeant à prendre leur repos dans les bras de la mort, se contentent de placer avec soin leur œuf à l'endroit favorable, pour renaître un jour rajeunis, dans un nouvel être, — qu'est-ce autre chose que la doctrine de l'immortalité enseignée par la nature? Elle voudrait nous faire comprendre qu'entre le sommeil et la mort il n'y a pas de différence radicale, que l'un pas plus que l'autre ne met l'existence en péril. Le soin avec lequel l'insecte prépare sa cellule, son trou, son nid, ainsi que la nourriture pour la larve qui doit naître au printemps prochain, et cela fait, meurt tranquille, — ressemble tout à fait au soin avec lequel un homme range le soir son vêtement et prépare son déjeuner pour le lendemain puis va dormir en paix.

Et cela ne pourrait avoir lieu si l'insecte qui doit mourir à l'automne, considéré en lui-même et dans sa véritable essence, n'était pas identique à celui qui doit se développer au printemps, aussi bien que l'homme qui se couche, est le même que celui qui se lève.

(W. II, 545.)

Voyez votre chien ; comme il est là tranquille et bon enfant. Des milliers de chiens ont dû mourir, avant que celui-ci vînt à la vie. Mais la disparition de tous ceux-là, n'a touché en rien à l'idée du chien : cette idée n'a été nullement obscurcie par leur mort. Voilà pourquoi votre chien est aussi frais, aussi animé de jeunes forces que si ce jour était son premier jour, et s'il ne devait pas avoir de fin ; à travers ses yeux brille le principe indestructible qui est en lui, l'*archœus*.

Qu'est-ce donc que la mort a détruit à travers des milliers d'années ?—Ce n'est pas le chien, il est là devant vous n'ayant souffert aucun dommage ; il n'y a que son ombre, sa figure que la faiblesse de notre connaissance ne peut percevoir que dans le temps. (W. II, 553.)

La matière par sa persistance absolue nous assure une indestructibilité en vertu de laquelle celui qui serait incapable d'en concevoir une autre, pourrait se consoler par l'idée d'une certaine immortalité. — « Quoi ? dira-t-on, la persistance d'une pure poussière, d'une matière brute, ce serait là la continuité de notre être ?

La connaissez-vous donc cette poussière, savez-vous donc ce qu'elle est et ce qu'elle peut ? Avant de la mépriser, apprenez à la connaître. Cette matière qui n'est que poussière et que cendre, bientôt dissoute dans l'eau, va devenir un cristal, briller de l'éclat des métaux, jeter des étincelles électriques, manifester sa puissance magnétique..., se façonner en plantes et en animaux, et de son sein mystérieux développer enfin cette vie dont la perte tourmente tellement votre esprit borné. Durer sous la forme de cette matière n'est-ce donc rien ?

(W. II, 539.)

Nous ne connaissons pas de plus grand jeu de dés que le jeu de la naissance et de la mort; préoccupés, intéressés, anxieux à l'extrême nous assistons à chaque partie, car à nos yeux tout y est engagé. — Au contraire, la nature qui ne ment jamais, la nature, toujours franche et ouverte, s'exprime sur ce sujet d'une façon toute différente : elle dit que la vie ou la mort de l'individu ne lui importe en rien ; c'est ce qu'elle exprime en livrant la vie de l'animal et aussi de l'homme aux moindres hasards, sans faire aucun effort pour les sauver. Considérez l'insecte sur votre chemin : le moindre écart involontaire de votre pied décide de sa vie ou de sa mort. Voyez la limace des bois, dépourvue de tout moyen de fuir, de se défendre, de tromper, de se cacher, proie exposée à tout venant ; voyez le poisson jouer libre d'inquiétude dans le filet encore ouvert ; la grenouille que sa lenteur empêche de fuir et d'échapper ; l'oiseau sous l'œil du faucon qui plane au-dessus de lui et qu'il ne voit pas; la brebis que le loup épie caché dans le bois; toutes ces victimes faibles, désarmées, imprudentes, errent, au milieu de dangers ignorés, qui à tout instant les menacent. La nature en abandonnant ainsi sans résistance ses organismes, œuvres d'un art infini, non-seulement à l'avidité du plus fort, mais au hasard le plus aveugle, à l'humeur du premier imbécile qui passe, à la méchanceté de l'enfant, — la nature exprime par là, en son style laconique, oraculaire, que l'anéantissement de ces êtres lui est indifférent, ne lui saurait nuire, ne signifie rien, et qu'en des cas pareils la cause est aussi indifférente que l'effet......

Quand donc cette mère souveraine, universelle, expose sans aucun scrupule ses enfants à mille dangers imminents, elle sait que lorsqu'ils succombent, c'est pour retomber dans son sein où elle les tient cachés; leur mort n'est qu'un badinage, un jeu léger. Il en est de l'homme comme des animaux. L'oracle de la nature s'étend à nous; notre vie ou notre mort ne l'émeut pas, et ne devrait pas nous émouvoir; car nous faisons aussi partie de la nature (1). (W. II. 541.)

---

(1) « La mort, dit Buffon, ce changement d'état si marqué, si redouté, n'est « dans la nature que la dernière nuance d'un état précédent... Pourquoi « donc craindre la mort, pourquoi redouter cet instant, puisqu'il est préparé « par une infinité d'autres instants du même ordre, puisque la mort est « aussi naturelle que la vie, et que l'une et l'autre nous arrivent de la « même façon, sans que nous le sentions, sans que nous puissions nous en « apercevoir? » *De la vieillesse et de la mort.*
Il n'en est pas moins vrai qu'en dépit de toute science, de toute foi, de toute sagesse et de toute réflexion, l'homme déraisonne en présence de la mort, de même qu'il est pris de vertige dès que l'amour s'est emparé de lui. La disparition de l'être, comme la création de l'être, nous trouble et nous égare. Ni l'amour, ni la mort ne se peuvent regarder fixement.
(*Note du traducteur.*)

Ces considérations nous ramènent à notre propre espèce, et si nous regardons en avant vers un avenir très éloigné, et que nous cherchions à nous représenter les générations futures avec leurs millions d'individus humains, différents de nous par leurs mœurs et leurs costumes, nous nous posons cette question : d'où viendront-ils tous ? où sont-ils maintenant ? — où est le riche sein du néant, gros du monde, qui cache encore les générations à venir ?

Mais à cette demande, il faut sourire et répondre : où pourrait-il être sinon où toute réalité a été et sera, dans le présent et dans ce qu'il contient, dans toi, par conséquent, questionneur insensé, toi qui méconnais ta propre essence, et ressembles à la feuille sur l'arbre, lorsqu'à l'automne, se flétrissant et pensant qu'elle va tomber, elle se lamente sur sa chute et ne veut pas se consoler à la vue de la fraîche verdure dont au printemps l'arbre sera paré. Elle dit et gémit : « ce n'est plus moi, ce sont de tout autres feuilles. » — Oh ! feuille insensée ! où veux-tu donc aller, et d'où les autres feuilles pourraient-elles venir ? Où est ce néant dont tu crains l'abîme ? — Reconnais donc ton être même dans cette force intime, cachée, toujours agissante de l'arbre, qui à travers toutes ses générations de feuilles n'est atteint ni par la naissance ni par la mort. N'en est-il pas des générations des hommes comme de celles des feuilles ?

Οἵη περ φυλλῶν γένεη, τοιήδε καὶ ἀνδρῶν.

(W. II. 546.)

L'ART

L'art est une délivrance. Il affranchit du vouloir et par suite de la douleur. — Il rend les images de la vie pleines de charme. — Sa mission est d'en reproduire toutes les nuances, tous les aspects. — Poésie lyrique. — Tragédie, comédie. — Peinture. — Musique ; l'action du génie y est plus sensible que partout ailleurs.

Tout désir naît d'un besoin, d'une privation, d'une souffrance. En le satisfaisant on l'apaise ; mais pour un de satisfait, combien d'inassouvis ! De plus, le désir dure longtemps, les exigences sont infinies, la jouissance est courte et étroitement mesurée. Et même ce plaisir enfin obtenu n'est qu'apparent : un autre lui succède, le premier est une illusion dissipée, le second une illusion qui dure encore. Rien au monde n'est capable d'apaiser la volonté, ni de la fixer d'une manière durable : le plus qu'on puisse obtenir de la destinée ressemble toujours à l'aumône qu'on jette au pied du mendiant, et qui n'entretient sa vie aujourd'hui que pour prolonger son tourment le lendemain. Ainsi tant que nous sommes sous la domination des désirs, sous l'empire de la volonté, tant que nous nous abandonnons aux espérances qui nous pressent, aux craintes qui nous persécutent, il n'est pour nous ni repos ni bonheur durable. Que nous soyons acharnés à quelque poursuite ou que nous fuyions devant quelque menace, agités par l'attente ou l'appréhension, au fond cela revient au même : les soucis que nous causent les exigences de la volonté sous toutes les formes, ne cessent de troubler et de tourmenter notre existence. Ainsi l'homme, esclave du vouloir, est continuellement rivé à la roue d'Ixion, il verse toujours dans le tonneau des Danaïdes, il est le Tantale dévoré de la soif éternelle.

Mais lorsqu'une circonstance étrangère, ou notre harmonie intérieure, nous soulève un instant hors du torrent infini du désir, délivre l'esprit de l'oppression de la volonté, détourne notre attention de tout ce qui la sollicite, et que les choses nous apparaissent dégagées de tous les prestiges de l'espérance, de tout intérêt propre, comme des objets de contemplation désintéressée et non de convoitise ; c'est alors que ce repos, vainement cherché dans les routes ouvertes du désir mais qui nous a toujours fui, se présente en quelque sorte de lui-même, et nous donne le sentiment de la paix dans la plénitude. C'est là cet état libre de douleurs que célébrait Épicure comme le plus grand de tous les biens, comme la félicité des dieux ; car nous sommes alors pour un instant affranchis de la lourde pression de la volonté, nous célébrons le Sabbat après les travaux forcés du vouloir, la roue d'Ixion s'arrête..... Qu'importe alors qu'on voie le coucher du soleil à la fenêtre d'un palais, ou à travers les barreaux d'une prison !

Accord intime, prédominance de la pensée pure sur le vouloir cela peut se produire en tout lieu. Témoins ces admirables peintres hollandais, qui ont su voir d'une façon si objective des objets si minimes, et qui nous ont laissé une preuve si durable de leur détachement et de leur placidité d'esprit dans les scènes d'intérieur. Le spectateur ne peut les considérer sans en être touché, sans se représenter l'état d'esprit de l'artiste, tranquille, paisible, plein de sérénité, tel qu'il le fallait pour fixer son attention à des objets insignifiants, indifférents, et les reproduire avec tant de sollicitude ; et l'impression est d'autant plus forte que par un retour sur nous-mêmes, nous sommes frappés du contraste de ces peintures si calmes avec nos sentiments toujours obscurcis, toujours agités d'inquiétudes et de désirs. (L. 95.)

Il suffit de jeter du dehors un regard désintéressé sur tout homme, toute scène de la vie, et de les reproduire par la plume ou par le pinceau pour qu'ils paraissent aussitôt pleins d'intérêt et de charme, et vraiment dignes d'envie ; mais se trouve-t-on aux prises avec cette situation, est-on cet homme même, oh ! alors, comme on dit souvent, le diable seul y pourrait tenir. C'est la pensée de Gœthe.

>De tout ce qui nous chagrine dans la vie
>La peinture nous plaît...

Quand j'étais jeune, il fut un temps où je m'efforçais sans cesse de me représenter tous mes actes, comme s'il s'agissait d'un autre, — probablement pour en mieux jouir.

Les choses n'ont d'attrait qu'autant qu'elles ne nous

touchent pas. La vie n'est jamais belle, il n'y a que les tableaux de la vie qui soient beaux, lorsque le miroir de la poésie les éclaire et les réfléchit, surtout dans la jeunesse quand nous ne savons pas encore ce que c'est que de vivre. (L. 97.)

Saisir l'inspiration au vol et lui donner un corps dans les vers, telle est l'œuvre de la poésie lyrique. Et c'est cependant l'humanité entière, dans ses profondeurs intimes, que reflète le vrai poète lyrique; et tous les sentiments que des millions de générations passées, présentes et futures ont éprouvés et éprouveront, dans les mêmes circonstances qui se reproduiront toujours, trouvent dans la poésie leur vive et fidèle expression... Le poète est l'homme universel : tout ce qui a agité le cœur d'un homme, tout ce que la nature humaine, en toutes circonstances, a pu éprouver et produire, tout ce qui habite et fermente dans un être mortel, — c'est là son domaine qui s'étend à toute la nature. Aussi le poète peut-il aussi bien chanter la volupté que le mysticisme, être Angelus Silésius ou Anacréon, écrire des tragédies ou des comédies, représenter les sentiments nobles ou vulgaires selon son humeur et sa vocation. Nul ne saurait prescrire au poète d'être noble, élevé, moral, pieux et chrétien, d'être ou de n'être pas ceci ou cela, car il est le miroir de l'humanité et lui présente l'image claire et fidèle de ce qu'elle ressent. (L. 123.)

C'est un fait très remarquable et très digne d'attention, que le but de toute haute poésie soit la représentation du côté effrayant de la nature humaine, la douleur sans nom, les tourments des hommes, le triomphe de la méchanceté, la domination ironique du hasard, l'irrémédiable chute du juste et de l'innocent : c'est là un signe remarquable de la constitution du monde et de l'existence...... Ne voyons-nous pas dans la tragédie les plus nobles êtres, après de longs combats et de longues souffrances, renoncer pour toujours aux buts qu'ils poursuivaient jusqu'alors avec tant de violence, ou se détourner de toutes les jouissances de la vie volontairement et avec joie : ainsi le prince de Calderon ; Gretchen dans Faust, Hamlet que son cher Horatio suivrait volontiers, mais qui lui promet de rester et de respirer encore quelque temps dans un monde si rude et si traversé de douleurs, pour raconter le sort d'Hamlet et purifier sa mémoire ; de même aussi la Pucelle d'Orléans, la fiancée de Messine : tous meurent purifiés par les souffrances, c'est-à-dire après que la volonté de vivre est déjà morte en eux...

Le vrai sens de la tragédie est cette vue profonde, que les fautes expiées par le héros ne sont pas ses fautes à lui, mais les fautes héréditaires, c'est-à-dire le crime même d'exister :

> Pues el delito mayor
> Del hombre es haber nacido.

(W. I. 298).

La tendance et le dernier but de la tragédie, étant de nous incliner à la résignation, à la négation de la volonté de vivre, la comédie au contraire nous excite à vivre et nous encourage. Il est vrai, la comédie comme toute représentation de la vie humaine, nous met inévitablement sous les yeux les souffrances et les côtés répugnants, mais elle ne nous les montre que comme des maux passagers, qui finissent par se perdre dans une joie finale, comme un mélange de succès, de victoires et d'espérances qui triomphent à la fin; et en outre elle fait ressortir ce qu'il y a de constamment gai, de toujours risible, jusque dans les mille et une contrariétés de la vie, afin de nous maintenir en belle humeur, quelles que soient les circonstances. Elle affirme donc, comme dernier résultat, que la vie prise dans son ensemble est très bonne, et surtout drôle et parfaitement amusante. Il faut bien entendu se hâter de laisser tomber le rideau sur le dénoûment joyeux, afin que nous ne puissions pas voir ce qui arrive ensuite; tandis qu'en général la tragédie finit de telle sorte que rien ne peut plus arriver. (W. II. 500.)

Le poète épique ou dramatique ne doit pas ignorer qu'il est le destin, et qu'il doit être impitoyable comme lui, — il est en même temps le miroir de l'humanité, et doit produire sur la scène des caractères mauvais et parfois infâmes, des fous, des sots, des esprits étroits, de temps en temps un personnage raisonnable ou prudent, ou bon, ou honnête, et bien rarement, comme la plus singulière des exceptions, une nature généreuse.—Dans tout Homère, il n'y a pas, ce me semble, un caractère vraiment généreux, bien qu'il y en ait beaucoup de bons et d'honnêtes ; dans tout Shakespeare, on en trouve bien un ou deux, et encore dans leur noblesse ils n'ont rien de surhumain, c'est Cordelia, Coriolan ; il serait difficile d'en compter davantage, tandis que les autres s'y croisent en foule...... Dans *Minna de Barnhelm* de Lessing, il y a excès de scrupule et de générosité noble de tous côtés. De tous les héros de Gœthe combinés et réunis, on formerait difficilement un caractère d'une générosité aussi chimérique que le marquis de Posa (1). — (L. 125.)

Il n'est pas d'homme ni d'action qui n'ait son importance : chez tous et à travers tout, se développe plus ou moins l'idée de l'humanité. Il n'y a pas de circonstance dans la vie humaine qui soit indigne d'être reproduite par la peinture. Aussi se montre-t-on injuste envers les admirables peintres de l'école hollandaise, lorsqu'on se borne à louer leur habileté technique ; pour le reste on les regarde de haut, avec dédain, parce qu'ils représentent le plus souvent des traits de la vie commune et que l'on n'attache d'importance qu'aux sujets historiques ou religieux. Il faudrait d'abord songer que l'intérêt d'une action n'a aucun rapport avec son importance extérieure, et qu'il y a quelquefois entre les deux une grande différence.

L'importance extérieure d'une action se mesure à ses

(1) Dans *Don Carlos*, de Schiller.

conséquences pour le monde réel et dans le monde réel. Son importance intérieure, c'est la vue profonde qu'elle nous ouvre sur l'essence même de l'humanité en mettant en pleine lumière certains côtés de cette nature souvent inaperçus, en choisissant certaines circonstances favorables où les particularités s'expriment et se développent. L'importance intérieure vaut seule pour l'art, l'importance extérieure pour l'histoire. L'une et l'autre sont absolument indépendantes, et peuvent également se trouver séparées ou réunies. Un acte capital dans l'histoire peut, considéré en lui-même, être de la dernière banalité, de la dernière insignifiance : et réciproquement, une scène de la vie journalière, une scène d'intérieur, peut avoir un grand intérêt idéal, si elle met en pleine et brillante lumière des êtres humains, des actes et des désirs humains jusque dans les replis les plus cachés. Quelles que soient l'importance du but poursuivi et les conséquences de l'acte, le trait de nature peut rester le même : ainsi, par exemple, que des ministres penchés sur une carte se disputent des territoires et des peuples, ou bien que des paysans dans une auberge se querellent pour une partie de cartes ou un coup de dés, il n'importe guère ; de même qu'il est indifférent de jouer aux échecs avec des pions en or ou avec des figures de bois. (L. 104.)

La musique n'exprime jamais le phénomène, mais uniquement l'essence intime, *l'en soi* de tout phénomène, en un mot la volonté même. Aussi n'exprimet-elle pas telle joie spéciale ou définie, telles ou telles tristesses, telle douleur, tel effroi, tel transport, tel plaisir, tel calme d'esprit, mais la joie même, la tristesse, la douleur, l'effroi, les transports, le plaisir, le calme d'esprit ; elle n'en exprime que l'essence abstraite et générale, en dehors de tout motif et de toute circonstance. Et pourtant dans cette quintessence abstraite, nous savons parfaitement la comprendre. (L. 128.)

L'invention de la mélodie, la découverte de tous les secrets les plus profonds de la volonté et de la sensibilité humaine, c'est là l'œuvre du génie. L'action du génie y est plus visible que partout ailleurs, plus irréfléchie, plus libre de toute intention consciente, c'est une véritable inspiration. L'idée, c'est-à-dire la connaissance préconçue des choses abstraites et positives est ici, comme partout dans l'art, absolument stérile : le compositeur révèle l'essence la plus intime du monde et exprime la sagesse la plus profonde, dans une langue que sa raison ne comprend pas ; de même qu'une somnambule donne des réponses lumineuses sur des choses, dont, éveillée, elle n'a aucune connaissance. (L. 129.)

Ce qu'il y a d'intime et d'inexprimable dans toute musique, ce qui nous procure la vision rapide et passagère d'un paradis à la fois familier et inaccessible, que nous comprenons et que nous ne saurions pourtant expliquer, c'est qu'elle donne une voix aux profondes et sourdes agitations de notre être, en dehors de toute réalité, et par conséquent sans souffrance. (L. 129.)

De même qu'il y a en nous deux dispositions essentielles du sentiment, soit la gaîté ou du moins l'enjoûment, soit l'affliction ou du moins la mélancolie, ainsi la musique a deux tonalités générales correspondantes, le dièze et le bémol, et elle se tient presque toujours dans l'une ou dans l'autre. Mais en vérité n'est-il pas extraordinaire qu'il y ait un signe exprimant la douleur, qui ne soit douloureux ni physiquement ni même par convention, et pourtant si expressif que personne ne s'y peut méprendre, à savoir le bémol? Par là on peut mesurer à quelle profondeur la musique plonge dans la nature intime de l'homme et des choses. — Chez les peuples du Nord, dont la vie est soumise à de dures conditions, surtout chez les Russes, c'est le bémol qui domine, même dans la musique d'église.

L'allegro en bémol est très fréquent dans la musique française, et très caractéristique; c'est comme si quelqu'un se mettait danser avec des souliers qui le gênent.
(L. 130.)

Les phrases courtes et claires de la musique de danse aux allures rapides, ne semblent parler que d'un bonheur commun, facile à atteindre; au contraire l'allegro maestoso avec ses grandes phrase, ses larges avenues, ses longs détours, exprime un effort grand et noble, vers un but lointain que l'on finit par atteindre.

L'adagio nous parle des souffrances d'un grand et noble effort, qui méprise toute joie mesquine. Mais ce qu'il y a de plus surprenant, c'est l'effet du bémol et du dièze. N'est-il pas étonnant que le changement d'un demi-ton, l'introduction d'une tierce mineure au lieu d'une majeure, donne aussitôt une sensation inévitable de peine et d'inquiétude, dont le dièze nous délivre immédiatement. L'adagio en bémol s'élève jusqu'à l'expression de la plus haute douleur, il devient une plainte déchirante. La musique de danse en bémol exprime la déception d'un bonheur médiocre, qu'on aurait dû dédaigner, elle semble nous décrire la poursuite de quelque but inférieur obtenu enfin à travers bien des efforts et des ennuis. (W. I. 303.)

Une symphonie de Beethoven nous découvre un ordre merveilleux sous le désordre apparent ; c'est comme un combat acharné, qui l'instant d'après se résoud en un bel accord : c'est là le « *rerum concordia discors* » — une image fidèle et accomplie de l'essence de ce monde, qui roule à travers l'espace sans hâte et sans repos, dans un tumulte indescriptible de formes sans nombre, qui s'évanouissent incessamment. Mais en même temps à travers cette symphonie parlent toutes les passions, toutes les émotions humaines : joie, tristesse, amour, haine, effroi, espérance, avec des nuances infinies, et pourtant tout abstraites, sans rien qui les distingue nettement les unes des autres. C'est une forme sans matière, comme un monde d'esprits aériens.

(W. II. 514.)

Après avoir longtemps médité sur l'essence de la musique, je vous recommande la jouissance de cet art comme la plus exquise de toutes. Il n'en est pas qui agisse plus directement, plus profondément, parce qu'il n'en est pas qui révèle plus directement et plus profondément la véritable nature du monde. Écouter de grandes et belles harmonies, c'est comme un bain de l'esprit : cela purifie de toute souillure, de tout ce qui est mauvais, mesquin ; cela élève l'homme et le met en accord avec les plus nobles pensées dont il soit capable, et alors il sent clairement tout ce qu'il vaut, ou plutôt tout ce qu'il pourrait valoir. (N. 373.)

Lorsque j'entends de la musique, mon imagination joue souvent avec cette pensée que la vie de tous les hommes et ma propre vie ne sont que des songes d'un esprit éternel, bons et mauvais songes, dont chaque mort est un réveil. (M. 732.)

LA MORALE

Trois degrés, l'égoïsme, la pitié, l'ascétisme.
L'égoïsme est sans bornes ; c'est pour le dissimuler que les hommes ont inventé la politesse, c'est pour le régler et le contraindre qu'ils ont institué l'État.
La pitié, seul fondement de la morale, naît du sentiment de l'identité de tous les hommes et de tous les êtres, et doit s'étendre aux animaux.
L'ascétisme s'élève jusqu'au renoncement volontaire, jusqu'à la chasteté absolue, jusqu'à la négation du vouloir vivre. L'art n'est qu'une délivrance passagère, l'ascétisme, c'est la libération définitive ; il procure la paix durable. Accord entre les ascètes de toutes les religions et de tous les temps.

La vertu ne s'enseigne pas, non plus que le génie ; l'idée que l'on se fait de la vertu est stérile, et ne peut servir que d'instrument, comme les choses techniques en matière d'art. Espérer que nos systèmes de morale et nos éthiques puissent faire des gens vertueux, nobles et saints, est aussi insensé que d'imaginer que nos traités d'esthétique puissent produire des poëtes, des sculpteurs, des peintres et des musiciens. (L. 157.)

Il n'y a que trois ressorts fondamentaux des actions humaines, et tous les motifs possibles n'ont de prise que sur ces trois ressorts. C'est d'abord *a*) l'égoïsme, qui veut son propre bien (il est sans bornes); *b*) la méchanceté, qui veut le mal d'autrui (elle va jusqu'à l'extrême cruauté); *c*) la pitié, qui veut le bien d'autrui (elle va jusqu'à la générosité, la grandeur d'âme). Toute action humaine doit être ramenée à l'un de ces trois mobiles, ou même à deux à la fois.   (L. 162.)

I

L'ÉGOISME.

L'égoïsme inspire une telle horreur, que nous avons inventé la politesse pour le cacher comme une partie honteuse, mais il perce à travers tous les voiles, et se trahit en toute rencontre où nous nous efforçons instinctivement d'utiliser chaque nouvelle connaissance pour servir à l'un de nos innombrables projets. Notre première pensée est toujours de savoir si tel homme peut nous être bon à quelque chose. Ne peut-il nous servir, il n'a plus aucune valeur... Nous soupçonnons si bien ce même sentiment chez les autres, que, s'il nous arrive de demander un conseil ou un renseignement, nous perdons toute confiance en ce qu'on nous dit, pour peu que nous supposions qu'on y ait un intérêt quelconque; car nous pensons aussitôt que notre conseiller veut se servir de nous comme d'un instrument; et nous attribuons son avis moins à la prudence de sa raison qu'à ses intentions secrètes, si grande que soit la première, si faibles et lointaines que soient les secondes. (L. 163.)

L'égoïsme, par nature, est sans bornes : l'homme n'a qu'un désir absolu, conserver son existence, s'affranchir de toute douleur, même de toute privation ; ce qu'il veut, c'est la plus grande somme possible de bien-être, c'est la possession de toutes les jouissances qu'il est capable d'imaginer, et qu'il s'ingénie à varier et à développer sans cesse. Tout obstacle qui se dresse entre son égoïsme et ses convoitises excite son humeur, sa colère, sa haine : c'est un ennemi qu'il faut écraser. Il voudrait autant que possible jouir de tout, posséder tout ; ne le pouvant, du moins voudrait-il tout dominer : « Tout pour moi, rien pour les autres », c'est sa devise. L'égoïsme est colossal, l'univers ne peut le contenir. Car si l'on donnait à chacun le choix entre l'anéantissement de l'univers et sa propre perte, je n'ai pas besoin de dire quelle serait sa réponse. Chacun se fait le centre du monde, rapporte tout à soi ; il n'y a pas jusqu'aux grands bouleversements des empires, que l'on ne considère tout d'abord au point de vue de son intérêt, si infime, si lointain qu'il puisse être. Y a-t-il contraste plus saisissant ? d'une part, cet intérêt supérieur, exclusif, que chacun prend à soi-même, et de l'autre, ce regard indifférent qu'il jette sur tous les hommes. C'est même une chose comique, que cette conviction de tant de gens agissant comme s'ils avaient seuls une existence réelle, et que leurs semblables ne fussent que de vaines ombres, de purs fantômes. (E. 196.)

Pour peindre d'un trait l'énormité de l'égoïsme dans une hyperbole saisissante, je me suis arrêté à celle-ci : « Bien des gens seraient capables de tuer un homme pour prendre la graisse du mort, et en frotter leurs bottes. » Je n'ai qu'un scrupule : est-ce bien là une hyperbole ?

(E. 198.)

L'État, ce chef-d'œuvre de l'égoïsme intelligent et raisonné, ce total de tous les égoïsmes individuels, a remis les droits de chacun aux mains d'un pouvoir infiniment supérieur au pouvoir de l'individu, et qui le force à respecter les droits des autres. C'est ainsi que sont rejetés dans l'ombre l'égoïsme démesuré de presque tous, la méchanceté de beaucoup, la férocité de quelques-uns : la contrainte les tient enchaînés, il en résulte une apparence trompeuse. Mais que le pouvoir protecteur de l'État se trouve, comme il arrive parfois, éludé ou paralysé, on voit éclater au grand jour les appétits insatiables, la sordide avarice, la fausseté secrète, la méchanceté, la perfidie des hommes, et alors, nous reculons, nous jetons les hauts cris, comme si nous nous heurtions à un monstre encore inconnu ; pourtant sans la contrainte des lois, sans le besoin qu'on a de l'honneur et de la considération, toutes ces passions triompheraient chaque jour. Il faut lire les causes célèbres, l'histoire des temps d'anarchie pour savoir ce qu'il y a au fond de l'homme, ce que vaut sa moralité ! Ces milliers d'êtres qui sont là sous nos yeux, s'obligeant mutuellement à respecter la paix, au fond ce sont autant de tigres et de loups, qu'une forte muselière empêche seule de mordre. Supposez la force publique supprimée, la muselière enlevée, vous reculeriez d'effroi devant le spectacle qui s'offrirait à vos yeux, et que chacun imagine aisément ; n'est-ce pas avouer combien vous faites peu de fond sur la religion, la conscience, la morale naturelle, quel qu'en soit le fondement ? C'est alors cependant, qu'en face des sentiments égoïstes, antimoraux, livrés à eux-mêmes, on verrait aussi le véritable instinct moral dans l'homme se révéler, déployer sa puissance, et montrer ce qu'il peut faire ; et l'on verrait qu'il y a autant de variété dans les caractères moraux qu'il y a de variétés d'intelligence, ce qui n'est pas peu dire.

(E. 194.)

La conscience a-t-elle son origine dans la nature ? On en peut douter. Du moins, il y a aussi une conscience bâtarde, *conscientia spuria*, que l'on confond souvent avec la vraie. L'angoisse et le repentir causés par nos actes ne sont pas autre chose souvent que la crainte des conséquences. La violation de certaines règles extérieures, arbitraires et même ridicules, éveille des scrupules tout à fait analogues à des remords de conscience. C'est ainsi que certains juifs seront obsédés à l'idée d'avoir fumé une pipe chez eux le samedi, contrairement au précepte de Moïse, chapitre XXXV, § 3 : « vous n'allumerez aucun feu le jour du sabbat dans vos maisons. » Tel gentilhomme, tel officier ne se console pas d'avoir en quelque occasion manqué aux règles de ce code des fous, qu'on appelle le point d'honneur, si bien que plus d'un ne pouvant tenir sa parole ou satisfaire aux exigences du code de l'honneur, s'est brûlé la cervelle.(J'en connais des exemples.)Le même homme pourtant chaque jour, d'un cœur léger, violera sa parole, pourvu qu'il n'ait pas ajouté ce mot fatidique, ce Schiboleth : *sur l'honneur.* En général toute inconséquence, toute imprévoyance, toute action contraire à nos projets, à nos principes, à nos conventions de quelque nature qu'elles soient, et même toute indiscrétion, toute maladresse, toute balourdise, laissent après elles un ver qui nous ronge en silence, une épine enfoncée dans le cœur. Bien des gens s'étonneraient, s'ils voyaient de quels éléments se compose cette conscience, dont ils se font une idée si grandiose : environ 1/5 de crainte des hommes ; 1/5 de craintes religieuses ; 1/5 de préjugés ; 1/5 de vanité ; 1/5 d'habitude ; autant vaudrait dire comme cet anglais : Je ne suis pas assez riche pour me payer une conscience : *I cannot afford to keep a conscience.* (E. 192.)

Bien que les principes et la raison abstraite ne soient nullement la source primitive ou le premier fondement de la moralité, ils sont pourtant indispensables à la vie morale ; c'est comme un réservoir alimenté par la source de toute moralité, mais qui ne coule pas à tout instant, qui se conserve et au moment utile peut se répandre là où il faut.... Sans principes fermes, les instincts antimoraux, une fois mis en mouvement par les impressions du dehors, nous domineraient impérieusement. Tenir ferme à ses principes, les suivre en dépit des motifs opposés qui nous sollicitent, c'est ce que l'on appelle se posséder soi-même. (L. 161.)

Les actes et la conduite d'un individu et d'un peuple peuvent être très modifiés par les dogmes, l'exemple et l'habitude. Mais les actes pris en eux-mêmes ne sont que de vaines images, il n'y a que la disposition d'esprit qui pousse aux actes, qui leur donne une importance morale. Celle-ci peut rester absolument la même, tout en ayant des manifestations extérieures entièrement différentes. Avec un degré égal de méchanceté, l'un peut mourir sur la roue, l'autre s'éteindre le plus paisiblement du monde au milieu des siens. Ce peut être le même degré de méchanceté qui s'exprime chez un peuple par des actes grossiers, meurtre, cannibalisme, chez un autre, au contraire, doucement et en miniature par des intrigues de cour, des oppressions et des ruses subtiles de toute sorte ; le fond des choses reste le même. On pourrait imaginer un État parfait, ou même peut-être un dogme inspirant une foi absolue en des récompenses et des peines après la mort, qui réussirait à empêcher tout crime : politiquement ce serait beaucoup, moralement on ne gagnerait rien, les actes seuls seraient enchaînés et non la volonté. Les actes pourraient être corrects, la volonté resterait pervertie.
(L. 157.)

II

LA PITIÉ.

La pitié est ce fait étonnant, mystérieux, par lequel nous voyons la ligne de démarcation, qui aux yeux de la raison sépare totalement un être d'un autre, s'effacer et le non moi devenir en quelque façon le moi. La seule pitié est le principe réel de toute libre justice et de toute vraie charité. La pitié est un fait incontestable de la conscience de l'homme ; elle lui est essentiellement propre, et ne dépend pas de notions antérieures, d'idées *a priori*, religions, dogmes, mythes, éducation et culture ; elle est le produit spontané, immédiat, inaliénable de la nature, elle résiste à toute épreuve, et se montre en tous temps et en tous pays ; partout on l'invoque avec confiance, tant on est sûr qu'elle existe en chaque homme, et jamais elle n'est comptée parmi les « dieux étrangers ». L'être qui ne connaît pas la pitié est en dehors de l'humanité, et ce mot même d'humanité est souvent pris comme synonyme de pitié. (E. 213.)

On peut objecter à toute bonne action qui naît uniquement de convictions religieuses qu'elle n'est pas désintéressée, qu'elle vient de la pensée d'une récompense ou d'un châtiment à attendre, enfin qu'elle n'est pas purement morale. — Si l'on considère le mobile moral de la pitié, qui oserait contester un instant qu'à toute époque, chez tous les peuples, dans toutes les situations de la vie, en pleine anarchie, au milieu des horreurs des révolutions et des guerres, dans les grandes comme dans les petites choses, chaque jour, à chaque heure, la pitié ne fasse sentir ses effets bienfaisants et vraiment merveilleux, qu'elle empêche bien des injustices, provoque à l'improviste plus d'une bonne action sans espoir de récompense, et que partout où elle agit seule, nous reconnaissons en elle, avec émotion, avec admiration, la pure valeur morale sans mélange? (E. 234.)

Envie et pitié, chacun porte en soi ces deux sentiments diamétralement opposés; ce qui les fait naître, c'est la comparaison involontaire, inévitable de notre propre situation avec celle des autres; selon que cette comparaison réagit sur chaque caractère individuel, l'un ou l'autre de ces sentiments devient une disposition fondamentale et la source de nos actes. L'envie ne fait qu'élever, épaissir et consolider le mur qui se dresse entre toi et moi; au contraire la pitié le rend mince et transparent, parfois elle le détruit de fond en comble, et alors s'évanouit toute différence entre moi et les autres hommes. (P. II. 219.)

Quand nous nous trouvons mis en relation avec un homme, ne nous arrêtons pas à peser son intelligence, sa valeur morale, ce qui nous conduirait à reconnaître la méchanceté de ses intentions, l'étroitesse de sa raison, la fausseté de ses jugements, et ne pourrait éveiller en nous que le mépris et l'aversion : considérons plutôt ses souffrances, ses misères, son angoisse, ses douleurs, c'est alors que nous sentirons combien il nous touche de près ; c'est alors que s'éveillera notre sympathie et qu'au lieu de la haine et du mépris, nous éprouverons pour lui cette pitié, qui est la seule agape à laquelle l'Évangile nous convie. (L. 168.)

Si l'on a considéré la perversité humaine et que l'on soit prêt à s'en indigner, il faut aussitôt jeter ses regards sur la détresse de l'existence humaine, et réciproquement si la misère vous effraie, considérez la perversité : alors on trouvera que l'une et l'autre se font équilibre, et l'on reconnaîtra la justice éternelle ; on verra que le monde lui-même est le jugement du monde (1).
(L. 195.)

La colère, même la plus légitime s'apaise tout de suite à l'idée que celui qui nous a offensé est un malheureux. Ce que la pluie est pour le feu, la pitié l'est pour la colère. Je conseille à celui qui ne veut pas se préparer de remords, lorsqu'il songe à venger cruellement une injure, de se figurer sous de vives couleurs sa vengeance déjà accomplie, de se représenter sa victime en proie aux souffrances physiques et morales, en lutte avec la misère et le besoin, et de se dire : voilà mon ouvrage.

(1) Traduction du vers de Schiller.

Si quelque chose au monde peut éteindre la colère, c'est bien cette pensée. (L. 167.)

Ce qui fait que les parents préfèrent, en général, les enfants maladifs, c'est que leur vue ne cesse de solliciter la pitié. (L. 168.)

La pitié, principe de toute moralité, prend aussi les bêtes sous sa protection, tandis que dans les autres systèmes de morale européenne, on a envers elles si peu de responsabilité et d'égards. La prétendue absence de droits des animaux, le préjugé que notre conduite envers eux n'a pas d'importance morale, qu'il n'y a pas comme on dit de devoirs envers les bêtes, c'est là justement une grossièreté révoltante, une barbarie de l'occident, dont la source est dans le judaïsme...

Il faut leur rappeler, à ces contempteurs des bêtes, à ces occidentaux judaïsés, que de même qu'ils ont été allaités par leur mère, de même aussi le chien l'a été par la sienne.

La pitié envers les bêtes est si étroitement unie à la bonté du caractère, que l'on peut affirmer de confiance que celui qui est cruel envers les bêtes ne peut être un homme bon. (L. 169.)

Une pitié sans bornes pour tous les êtres vivants, c'est le gage le plus ferme et le plus sûr de la conduite morale, et cela n'exige aucune casuistique. On peut être assuré que celui qui en est rempli ne blessera personne, n'empiétera sur les droits de personne, ne fera de mal à personne ; tout au contraire, il sera indulgent pour chacun pardonnera à chacun, sera secourable à tous dans la mesure de ses forces et toutes ses actions porteront l'empreinte de la justice et de l'amour des hommes. Qu'on essaye une fois de dire : « Cet homme est vertueux, mais il ne connaît aucune pitié, » ou bien : « C'est un homme injuste et méchant, pourtant il est très compatissant, » alors la contradiction devient sensible. — Tout le monde n'a pas les mêmes goûts ; mais je ne connais pas de plus belle prière, que celle par laquelle se terminent les vieilles pièces du théâtre hindou (comme autrefois les pièces anglaises se terminaient par ces mots : « pour le roi »). Voici quel en est le sens : « Puissent tous les êtres vivants rester libres de douleurs! » (L. 166.)

III

RÉSIGNATION, RENONCEMENT, ASCÉTISME ET DÉLIVRANCE

Quand le coin du voile de Maïa (1) (l'illusion de la vie individuelle) s'est soulevé devant les yeux d'un homme,

---

(1) Maïa — l'illusion. — Schopenhauer entend par là cette connaissance bornée à l'espace et au temps qui empêche l'individu de reconnaitre sa propre essence dans les individus étrangers. (Note de M. Frauenstædt).

Maïa, déesse hindoue, épouse de Brahma, mère des illusions ou l'illusion personnifiée.

de telle sorte qu'il ne fait plus de différence égoïste entre sa personne et les autres hommes, et qu'il prend autant d'intérêt aux souffrances étrangères qu'aux siennes propres, et qu'il devient par là secourable jusqu'au dévouement, prêt à se sacrifier lui-même pour le salut des autres, — cet homme arrivé au point de se reconnaître lui-même dans tous les êtres, considère comme siennes les souffrances infinies de tout ce qui vit, et doit ainsi s'approprier la douleur du monde. Aucune détresse ne lui est étrangère. Tous les tourments qu'il voit et peut si rarement adoucir, toutes les douleurs dont il entend parler, celles mêmes qu'il lui est possible de concevoir frappent son esprit comme s'il en était la propre victime.

Insensible aux alternatives de biens et de maux qui se succèdent dans sa destinée, affranchi de tout égoïsme, il pénètre les voiles de l'illusion individuelle ; tout ce qui vit, tout ce qui souffre est également près de son cœur. Il conçoit l'ensemble des choses, leur essence, leur éternel écoulement, les vains efforts, les luttes intérieures et les souffrances sans fin ; il voit, de quelque côté qu'il tourne ses regards, l'homme qui souffre, l'animal qui souffre, et un monde qui s'évanouit éternellement. Il s'unit désormais aux douleurs du monde aussi étroitement que l'égoïste à sa propre personne. Comment pourrait-il, avec une telle connaissance du monde, affirmer par les désirs incessants sa volonté de vivre, se rattacher toujours de plus en plus à la vie, et l'étreindre toujours plus étroitement ? L'homme séduit par l'illusion de la vie individuelle, esclave de l'égoïsme, ne voit des choses que ce qui le touche personnellement, et il y puise des motifs sans cesse renouvelés de désirer et de vouloir ; au contraire, celui qui pénètre l'essence des choses en soi, qui domine l'ensemble, arrive au repos de tout désir et de tout vouloir. Désormais la volonté se détourne de la vie ; elle repousse avec effroi les jouissances qui la perpétuent. L'homme arrive alors à l'état du renoncement volontaire, de la résignation, de la tranquillité vraie, et de l'absence absolue de volonté. (L. 177.)

Tandis que le méchant livré par la violence de sa volonté et de ses désirs à des tourments intérieurs continus et dévorants, est réduit, quand la source de toutes les jouissances vient à tarir, à étancher la soif brûlante de ses désirs dans le spectacle des malheurs d'autrui, l'homme, au contraire, qui est pénétré de cette idée du renoncement absolu, quel que soit son dénuement, quelque privé qu'il soit extérieurement de toute joie et de tout bien, goûte cependant une pleine allégresse et jouit d'un repos vraiment céleste. Pour lui, plus d'empressement inquiet, plus de joie éclatante, cette joie précédée et suivie de tant de peines, condition inévitable de l'existence pour l'homme qui a le goût de la vie ; ce qu'il ressent, c'est une paix inébranlable, un profond repos, une intime sérénité, un état que nous ne pouvons voir ou imaginer sans y aspirer avec ardeur parce qu'il nous semble le seul juste, infiniment supérieur à tout autre, un état vers lequel nous invitent et nous appellent ce qu'il y a de meilleur en nous et cette voix intérieure qui nous crie : *sapere aude*. Nous sentons bien alors que tout désir accompli, tout bonheur arraché à la misère du monde, sont comme l'aumône qui soutient le mendiant aujourd'hui, pour que demain il meure encore de faim, tandis que la résignation est comme une terre reçue en héritage, qui met pour toujours l'heureux possesseur à l'abri des soucis. (L. 179.)

Nous savons que les instants où la contemplation des œuvres d'art nous délivre des désirs avides, comme si nous surnagions au-dessus de la lourde atmosphère de la terre, sont en même temps les plus heureux que nous connaissions. Par là nous pouvons nous figurer quelle félicité doit ressentir l'homme dont la volonté est apaisée, non pas pour quelques instants comme dans la jouissance désintéressée du beau, mais pour toujours, et s'éteint même tout à fait, si bien qu'il ne reste que la dernière étincelle aux lueurs vacillantes, qui soutient le corps et s'éteindra avec lui. Lorsque cet homme, après maints rudes combats contre sa propre nature, a fini par triompher tout à fait, il n'existe qu'à l'état d'être purement intellectuel, comme un miroir du monde que rien ne trouble. Désormais rien ne saurait lui causer de l'angoisse, rien ne saurait l'agiter; car les mille liens du vouloir qui nous tiennent enchaînés au monde et nous tiraillent en tous sens avec des douleurs continues sous forme de désir, crainte, envie, colère, ces mille liens il les a brisés. Il jette un regard en arrière, tranquille et souriant, sur les images illusoires de ce monde qui ont pu un jour agiter et torturer son cœur; devant elles il est maintenant aussi indifférent que devant les échecs, après une partie terminée ou devant des masques de carnaval qu'on a dépouillés au matin et dont les figures ont pu nous agacer et nous émouvoir dans la nuit du mardi-gras. La vie et ses formes flottent désormais devant ses yeux comme une apparition passagère, comme un léger songe matinal pour l'homme à moitié éveillé, un songe que la vérité transperce déjà de ses rayons et qui ne peut plus nous abuser ; et ainsi qu'un rêve la vie s'évanouit aussi à la fin, sans transition brusque. — (L. 182.)

Si l'on se représente combien la misère et les infortunes sont la plupart du temps nécessaires pour notre délivrance, on reconnaîtra que nous devrions moins envier le bonheur des autres que leur malheur. C'est pour cette raison que le stoïcisme qui brave le destin est à la vérité pour l'âme une épaisse cuirasse contre les douleurs de la vie et aide à mieux supporter le présent ; mais il est opposé au véritable salut, car il endurcit le cœur. Et comment le stoïcien pourrait-il être rendu meilleur par la souffrance, lorsque, sous son écorce de pierre, il y est insensible ? — Jusqu'à un certain degré, ce stoïcisme n'est pas très rare. C'est souvent une pure affectation, une façon de faire à mauvais jeu bonne mine ; et lorsqu'il est réel, il provient la plupart du temps de l'insensibilité pure, du manque d'énergie, de vivacité, de sentiment et d'imagination, nécessaires pour ressentir une grande douleur. — (L. 185.)

Quiconque se tue veut la vie, il ne se plaint que des conditions sous lesquelles elle s'offre à lui. Ce n'est donc pas à la volonté de vivre qu'il renonce, mais uniquement à la vie, dont il détruit en sa personne un des phénomènes passagers... C'est précisément parce qu'il ne peut cesser de vouloir qu'il cesse de vivre, et c'est en supprimant en lui le phénomène de la vie qu'il affirme son désir de vivre. Car c'était justement la douleur à laquelle il se soustrait qui aurait pu, comme mortification de la volonté, le conduire au renoncement et à la délivrance. Il en est de celui qui se tue comme d'un malade qui, n'ayant pas l'énergie de laisser achever une opération douloureuse mais salutaire, préférerait garder sa maladie. La souffrance supportée avec courage lui permettrait de supprimer la volonté ; mais il se soustrait à la souffrance, en détruisant dans son corps cette manifestation de la volonté, de telle sorte que celle-ci subsiste sans obstacles. — (L. 186.)

Peu d'hommes, par la seule connaissance réfléchie des choses, parviennent à pénétrer l'illusion du *principium individuationis*, peu d'hommes remplis d'une parfaite bonté d'âme, de l'universelle charité, en viennent enfin à reconnaître toutes les douleurs du monde comme les leurs propres, pour aboutir à la négation de la volonté. Chez celui-là même qui s'approche le plus de ce degré supérieur, les aises personnelles, le charme flatteur de l'instant, l'attrait de l'espérance, les désirs sans cesse renaissants sont un éternel obstacle au renoncement, une éternelle amorce pour la volonté ; de là vient qu'on a personnifié dans les démons la multitude des séductions qui nous tentent et nous sollicitent.

Aussi faut-il que notre volonté soit brisée par une immense souffrance, avant qu'elle arrive au renoncement d'elle-même. Lorsqu'il a parcouru tous les degrés de l'angoisse croissante, lorsqu'après une suprême résistance, il touche à l'abîme du désespoir, l'homme rentre subitement en lui-même, il se connaît, il connaît le monde, son âme se transforme, s'élève au-dessus d'elle-même et de toute souffrance; alors purifié, sanctifié en quelque sorte dans un repos, une félicité inébranlables, une élévation inaccessible, il renonce à tous les objets de ses désirs passionnés, et reçoit la mort avec joie. Comme un pâle éclair, la négation de la volonté de vivre, c'est-à-dire la délivrance, jaillit subitement de la flamme purifiante de la douleur.

Les criminels eux-mêmes peuvent être ainsi épurés par une grande douleur ; ils deviennent tout autres. Leurs crimes passés n'oppressent plus leur conscience ; pourtant ils sont prêts à les expier par la mort et voient volontiers s'éteindre avec eux ce phénomène passager de la volonté, qui leur est maintenant étranger et comme un objet d'horreur. Dans le touchant épisode de Gretchen, Gœthe nous a donné une incomparable et éclatante peinture de cette négation de la volonté causée par une grande infortune et par le désespoir. C'est un modèle accompli de cette seconde manière d'arriver au renoncement, à la négation de la volonté, non par la pure connaissance des douleurs de tout un monde auxquelles on s'identifie volontairement, mais par une douleur écrasante dont on a soi-même été accablé. — (L. 183.)

Une grande douleur, un grand malheur, peuvent nous forcer à connaître les contradictions de la volonté de vivre avec elle-même, et nous montrer clairement le néant de tout effort. C'est ainsi qu'on a vu souvent des hommes, après une vie tout agitée de passions tumultueuses, des rois, des héros, des coureurs d'aventures changer subitement, se résigner, se repentir, se faire moines ou anachorètes. Tel est le sujet de toutes les histoires de conversions authentiques, par exemple celle de Raymond Lulle : un jour une belle qu'il aimait depuis longtemps lui donne enfin rendez-vous chez elle ; il entre dans sa chambre, fou de joie, mais la belle, entr'ouvrant son corsage, lui découvre un sein dévoré par un effroyable cancer. A partir de cet instant, comme s'il avait entrevu l'enfer, il se convertit, quitta la cour du roi de Mayorque, se retira dans une solitude, fit pénitence.

La conversion de Rancé ressemble fort à celle de Raymond Lulle. Il avait consacré sa jeunesse à tous les plaisirs, et vivait en dernier lieu avec une dame de Monbazon. Un soir, à l'heure du rendez-vous, il trouve la chambre vide, obscure, en désordre ; son pied heurte quelque chose, c'était la tête de sa maîtresse qu'on avait séparée du tronc ; elle était morte subitement, et l'on n'avait pu faire entrer son cadavre dans le cercueil de plomb placé près de là. — Affligé d'une douleur sans bornes, Rancé devint en 1663 le Réformateur de l'ordre des Trappistes, tout à fait dégénéré de son ancienne discipline ; il le ramena bientôt à cette grandeur de renoncement que nous voyons encore aujourd'hui, à cette négation de la volonté, méthodiquement conduite à travers les plus dures privations, à cette vie d'une austérité, d'un labeur incroyables, qui remplit l'étranger d'une sainte horreur, lorsque pénétrant dans le couvent, il est frappé dès l'abord de l'humilité de ces vrais moines qui, exténués de jeûnes, de froides veilles, de prières, de travaux, s'agenouillent devant lui, l'enfant du monde et le pécheur, pour demander sa bénédiction. C'est chez le peuple le plus gai, le plus joyeux, le plus sensuel et le plus léger, — est-il besoin de nommer la France, — que cet ordre, seul entre tous, s'est maintenu intact à travers toutes les révolutions, et il faut attribuer sa durée au sérieux profond qu'on ne saurait méconnaître dans l'esprit qui l'anime, et qui exclut toute considération secondaire. La décadence de la religion ne l'a pas atteint ; car ses racines tiennent aux profondeurs de la nature humaine bien plus encore qu'à un dogme positif quelconque. — (W. I. 466.)

Détournons nos regards de notre propre insuffisance, de l'étroitesse de nos sentiments et de nos préjugés, pour les porter vers ceux qui ont vaincu le monde, chez lesquels la volonté, parvenue à une pleine connaissance de soi-même, s'est retrouvée en toutes choses et s'est niée librement; et qui attendent que ses dernières étincelles s'éteignent avec le cor s qui les anime ; alors nous voyons, au lieu de ces passions irrésistibles, de cette activité sans repos, au lieu de ce passage incessant du désir à la crainte et de la joie à la douleur, au lieu de cette espérance que rien ne satisfait et qui jamais ne s'apaise et ne s'évanouit, et dont est fait le rêve de la vie pour l'homme subjugué par la volonté, — nous voyons cette paix, supérieure à toute raison, cette grande mer calme du sentiment, ce repos profond, cette assurance inébranlable, cette sérénité, dont le seul reflet sur le visage, tels que Raphaël et Corrége nous l'ont peint, est tout un évangile auquel on peut se fier : il ne reste que la connaissance ; la volonté s'est évanouie. — (W. I. 486.)

———

L'esprit intime et le sens de la véritable et pure vie du cloître et de l'ascétisme en général, c'est que l'on se sent digne et capable d'une existence meilleure que la nôtre, et que l'on veut fortifier et maintenir cette conviction par le mépris de toutes les vaines jouissances de ce monde. On attend avec calme et assurance la fin de cette vie, privée de ses appâts trompeurs, pour saluer un jour l'heure de la mort comme celle de la délivrance. — (L. 178.)

———

Quiétisme, c'est-à-dire renoncement à tout désir, ascétisme, c'est-à-dire immolation réfléchie de la volonté égoïste, et mysticisme, c'est-à-dire conscience de l'identité de son être avec l'ensemble des choses et le principe de l'univers, — trois dispositions de l'âme qui se tiennent étroitement; quiconque fait profession de l'une est attiré vers l'autre en quelque sorte malgré lui. — Rien de plus surprenant que de voir l'accord de tous ceux qui nous ont prêché ces doctrines, à travers l'extrême variété des temps, des pays et des religions, et rien de plus curieux que la sécurité inébranlable comme le roc, la certitude intérieure, avec lesquelles ils nous présentent le résultat de leur expérience intime. — (L. 187.)

En vérité ce n'est pas le judaïsme avec son πάντα καλά λίαν (1), mais le brahmanisme et le bouddhisme qui par l'esprit et la tendance morale se rapprochent du christianisme. L'esprit et la tendance morale sont ce qu'il y a d'essentiel dans une religion, et non pas les mythes dont elle les enveloppe.

Ce πάντα καλά λίαν de l'Ancien Testament est vraiment étranger au pur christianisme : car tout le long du Nouveau Testament il est question du monde comme d'une chose à laquelle on n'appartient pas, que l'on n'aime pas, d'une chose qui est sous l'empire du diable. Cela s'accorde avec l'esprit d'ascétisme, de renoncement et de victoire sur le monde, cet esprit qui, joint à l'amour du prochain et au pardon des injures, marque le

---

(1) I. Moïse, 1, 31.
« Dieu vit toutes les choses qu'il avait faites, et elles étaient très bonnes. Schopenhauer est l'ennemi personnel de Jehovah, qui, ayant créé le monde, le triste monde, se vante de son œuvre comme d'une belle et bonne chose. Cet optimisme du Dieu des Juifs irrite et exaspère notre philosophe pessimiste.

trait fondamental et l'étroite affinité qui unissent le christianisme, le brahmanisme et le bouddhisme. C'est dans le christianisme surtout qu'il est nécessaire d'aller au fond des choses et de pénétrer au-delà de l'écorce. — (L. 193.)

———

Le protestantisme en éliminant l'ascétisme et le célibat qui en est le point capital a atteint par là même l'essence du christianisme, et peut à ce point de vue être considéré comme une apostasie. On l'a bien vu de nos jours quand le protestantisme a peu à peu dégénéré en un plat rationalisme, espèce de pélagianisme moderne, qui vient se résumer dans la doctrine d'un bon père créant le monde afin qu'on s'y amuse bien (en quoi il aurait joliment échoué); et ce bon père, sous certaines conditions, s'engage à procurer aussi plus tard à ses fidèles serviteurs un monde beaucoup plus beau dont le seul inconvénient est d'avoir une aussi funeste entrée. Cela peut être assurément une bonne religion pour des pasteurs protestants confortables, mariés et éclairés : mais ce n'est pas là du christianisme. Le christianisme est la doctrine qui affirme que l'homme est profondément coupable par le seul fait de sa naissance, et il enseigne en même temps que le cœur doit aspirer à la délivrance qui ne peut être obtenue qu'au prix des sacrifices les plus pénibles, par le renoncement, l'anéantissement de soi-même, c'est-à-dire par une transformation totale de la nature humaine. — (L. 193.)

———

L'optimisme n'est au fond qu'une forme de louanges que la volonté de vivre, unique et première cause du monde, se décerne sans raison à elle-même, lorsqu'elle se mire avec complaisance dans son œuvre : ce n'est pas seulement une doctrine fausse, c'est une doctrine corruptrice. Car elle nous présente la vie comme un état désirable, et donne comme but à la vie le bonheur de l'homme. Dès lors chacun s'imagine qu'il possède les droits les plus justifiés au bonheur et à la jouissance ; si donc ces biens, comme cela n'est que trop fréquent, ne lui échoient pas en partage, il se croit victime d'une injustice, n'a-t-il pas manqué le but de sa vie ? — tandis qu'il est bien plus juste de considérer le travail, la privation, la misère et la souffrance couronnée par la mort comme le but de notre existence (ainsi font le brahmanisme, le bouddhisme et aussi le véritable christianisme), parce que tous ces maux conduisent à la négation de la volonté de vivre. Dans le Nouveau Testament, le monde est représenté comme une vallée de larmes, la vie comme un moyen de purifier l'âme, et un instrument de martyre est le symbole du christianisme (1). — (L. 190.)

La morale des hindous, telle qu'elle est exprimée de la façon la plus variée et la plus énergique dans les Védas, les Pouranas, chez leurs poëtes, dans les mythes et les légendes de leurs saints, dans leurs sentences et règles de vie, prescrit expressément : l'amour du

---

(1) « De nos jours, dit ailleurs Schopenhauer, le christianisme a oublié sa vraie signification, pour dégénérer en un plat optimisme. » (W. I. 486.)

prochain, avec l'absolu détachement de soi-même, l'amour non pas seulement borné aux hommes mais étendu à tout être vivant; la bienfaisance poussée jusqu'à l'abandon du salaire quotidien obtenu à force de sueur et de peine ; une mansuétude sans bornes envers celui qui nous offense ; le bien et l'amour rendus pour le mal qu'on nous fait si grand qu'il soit ; le pardon joyeux et spontané de toute injure ; l'abstinence de toute nourriture animale ; une chasteté absolue et le renoncement à toute volupté pour celui qui aspire à la sainteté vraie ; le mépris de toute richesse, l'abandon de toute demeure, de toute propriété; une solitude profonde et absolue, passée en muette contemplation, avec un repentir volontaire et des peines lentes et effroyables pour mortifier absolument la volonté, jusqu'à mourir de faim, se livrer aux crocodiles, se précipiter du haut d'un rocher de l'Hymalaya, sanctifié par cette coutume, s'enterrer vivant, se jeter sous les roues du char gigantesque, qui promène les images des dieux, au milieu des chants, des cris de joie et de la danse des bayadères. Et ces prescriptions, dont l'origine remonte à plus de quatre mille ans, vivent encore jusque dans leur rigueur la plus extrême chez ce peuple, quelque dégénéré qu'il soit aujourd'hui. Une coutume si longtemps maintenue parmi tant de millions d'hommes, une pratique qui impose de si lourds sacrifices, ne sauraient être l'invention arbitraire de quelque cerveau halluciné, elles doivent avoir des racines profondes dans l'essence même de l'humanité. — J'ajoute qu'on ne peut assez admirer l'accord, la parfaite unanimité de sentiments que l'on remarque, si on lit la vie d'un saint ou d'un pénitent chrétien, et celle d'un hindou. A travers la variété, l'opposition absolue des dogmes, des mœurs, des milieux, l'effort, la vie intérieure de l'un et de l'autre sont identiques (1).

Les mystiques chrétiens et les maîtres de la philosophie Vedanta s'accordent encore en ce qu'ils considèrent comme superflus les œuvres extérieures et les exercices religieux pour celui qui finit par atteindre la perfection.

Tant d'accord entre des peuples si différents, à une époque si éloignée, c'est là une preuve de fait qu'il ne s'agit pas ici, comme l'avancent avec complaisance les plats optimistes, d'une aberration, d'un égarement de l'esprit et des sens ; tout au contraire c'est un côté essentiel de la nature humaine, un admirable côté, qui rarement se fait jour et qui s'exprime dans cet ascétisme. — (W. I. 459.)

---

(1) Schopenhauer rapproche, en un autre endroit (W. I. 438, 454 et W. II. 705), la vie de saint François d'Assise de la vie de Çakia Mouni. L'un et l'autre renoncèrent à la richesse et fondèrent des ordres mendiants.

N'avons-nous pas vu Pascal, une fois entré dans les voies de l'ascétisme, éloigner tous ses domestiques, et malgré son état de souffrance continue, faire lui-même son lit, descendre à la cuisine chercher son repas... Même genre d'ascétisme dans l'Inde où d'opulents radjahs, sacrifiant toute leur fortune à l'entretien de leur cour et de leurs serviteurs, s'imposent avec le scrupule le plus rigoureux cette règle de ne rien manger qu'ils n'aient semé ou récolté de leurs propres mains.

Chez François d'Assise, l'étroite affinité avec l'esprit hindou se manifeste encore par le grand amour de ce saint pour les bêtes et pour toute la création. Ce qui prouve que l'esprit d'ascétisme existe indifféremment dans une religion déiste, ou dans une religion athée comme celle de Bouddha.

Ainsi en considérant la vie des saints, qu'il nous est sans doute rarement donné de rencontrer et de connaître par notre propre expérience, mais dont l'art nous retrace l'histoire avec une vérité sûre et profonde, il nous faut dissiper la sombre impression de ce néant, qui flotte comme dernier but derrière toute vertu et toute sainteté, et que nous redoutons, comme l'enfant redoute les ténèbres, au lieu de chercher à échapper comme les hindous, par des mythes et des mots vides de sens, tels que la résorption dans le Brahma, ou le Nirvâna des bouddhistes. Nous le reconnaissons, ce qui reste après la suppression totale de la volonté n'est absolument rien pour tous ceux qui sont encore pleins de vouloir vivre, c'est le néant. Mais aussi pour ceux dans lesquels la volonté est arrivée à se détourner de son objet, à se nier elle-même, notre monde qui nous paraît si réel avec tous ses soleils et ses voies lactées, qu'est-il ? Rien (1). — (W. I. 486.)

---

(1) « *Rien* » *Nichts*, tel est le dernier mot de la philosophie de Schopenhauer.

Résumons la suite et l'enchaînement des idées exposées dans ces quatre chapitres sur *les douleurs du monde, l'amour, la mort, l'art et la morale*.

Après avoir analysé les misères de la vie que révèlent l'expérience et la réflexion, Schopenhauer arrive à cette conclusion que tout plaisir est négatif, que la douleur seule est positive.

L'homme cependant, abusé par l'instinct de l'amour, dupe et victime du génie de l'espèce, n'a pas de plus grand souci que d'entretenir, par l'union des sexes, la suite funeste des générations malheureuses. Or, en perpétuant la vie, il ne fait que perpétuer la douleur.

L'espoir d'une existence future dans un monde meilleur semble être une consolation, un allègement au mal de la vie. Mais cet espoir ne repose que sur la foi ou sur le rêve.

On pourrait espérer encore qu'en ce monde l'avenir réserve à l'humanité des destinées plus prospères. Mais le progrès, ainsi entendu, n'est qu'une illusion. Plus l'homme pense, plus il souffre : *qui auget scientiam auget et dolorem*.

Donc la vie n'est pas un bien, donc le néant vaut mieux que la vie.

En dehors du suicide, qui n'est pas une solution philosophique, il n'y a, d'après Schopenhauer, que deux manières de s'affranchir des désirs qui nous pressent, de se libérer de la douleur, il n'y a que deux remèdes : l'un, passager, c'est l'art, contemplation désintéressée de l'essence des choses, des idées pures, — l'autre, souverain, c'est l'ascétisme ou chasteté absolue. Si l'ascétisme était universel, *il tarirait la source de l'humanité, le malheur disparaîtrait du monde*... Et Schopenhauer cite à l'appui de sa thèse les premiers pères de l'Eglise, Tertullien et saint Augustin.

— Mais, en dépit de notre philosophe, les hommes, soit ignorance, soit insouciance, instinct, faiblesse ou lâcheté, supportent volontairement le fardeau de la vie commune. C'est donc que la vie commune est en somme supportable. Ce fait, d'expérience journalière, est la réfutation du pessimisme.

Est-ce à dire que les optimistes aient raison, que la vie humaine soit bonne et de jour en jour meilleure ? Qui oserait l'affirmer ? Elle devient seulement plus pleine et plus intense, à mesure que l'homme se civilise. Chacun des plateaux de la balance qui pèse les biens et les maux se charge de plus en plus de désirs et de jouissances, de déceptions et de peines ; et, en même temps, la balance devient plus sensible, mais à travers toutes ses oscillations elle ne s'écarte guère d'un certain équilibre qui permet à l'homme de vivre, et de supporter sans trop se plaindre le doux tourment de l'existence.

(Note du traducteur.)

PENSÉES DIVERSES

SUR LA RELIGION — LA POLITIQUE —
L'HOMME ET LA SOCIÉTÉ —
LE CARACTÈRE DES DIFFÉRENTS PEUPLES.

LA RELIGION

La mort, mère de la religion. — Besoin métaphysique. — Nécessité d'une foi positive. — Insuffisance pratique de la morale religieuse. — Catholicisme. — Conflit de la religion et de la philosophie.

On n'en peut douter, c'est la connaissance de la mort, la considération de la souffrance et de la misère de la vie, qui donnent l'impulsion la plus forte à la pensée philosophique et aux interprétations métaphysiques du monde. Si notre vie était sans limites et sans douleurs, nul homme peut-être n'aurait eu l'idée de se demander pourquoi le monde existe et se trouve constitué justement de cette façon ; tout se comprendrait de soi-même. Ainsi s'explique également l'intérêt que nous inspirent les systèmes philosophiques et les religions. Ce puissant intérêt se rattache surtout au dogme d'une durée quelconque après la mort : et si les religions semblent se soucier avant toutes choses de l'existence de leurs dieux, et employer tout leur zèle à la défendre, au fond c'est uniquement parce qu'elles lient à cette existence le dogme de l'immortalité et qu'elles l'en considèrent comme inséparable : l'immortalité seule leur tient à cœur. Si l'on pouvait assurer d'une autre manière la vie éternelle à l'homme, son zèle ardent pour ses dieux se refroidirait aussitôt, et ferait même place à une indifférence presque absolue, dès que l'impossibilité d'une vie future lui serait démontrée avec évidence...... Aussi les systèmes tout à fait matérialistes ou tout à fait sceptiques n'exerceront jamais une influence générale ou durable. — (W. II. 176.)

***

Temples et églises, pagodes et mosquées, dans tous les temps, par leur magnificence et leur grandeur, témoignent du besoin métaphysique de l'homme, qui, fort et indestructible, suit pas à pas le besoin physique. On pourrait, il est vrai, si l'on était d'humeur satirique, ajouter que le premier besoin est un modeste gaillard qui se contente à moins de frais. Des fables grossières, des contes à dormir debout, il n'en faut souvent pas davantage : qu'on les imprime assez tôt dans l'esprit de l'homme, et ces fables et ces légendes deviennent des explications suffisantes de son existence et des soutiens de sa moralité. Considérez par exemple le Coran : ce livre médiocre a suffi pour fonder une religion qui, répandue par le monde, satisfait le besoin métaphysique de millions d'hommes depuis 1200 ans, sert de fondement à leur morale, leur inspire un grand mépris de la mort et l'enthousiasme des guerres sanglantes et des vastes conquêtes. Nous trouvons dans ce livre la plus triste et la plus misérable figure du théisme. Peut-être a-t-il beaucoup perdu par les traductions ; mais je n'ai pu y découvrir une seule pensée ayant quelque valeur. Ce qui prouve que la capacité métaphysique ne va pas de pair avec le besoin métaphysique. — (W. II. 177.)

Non content des soucis, des afflictions et des embarras que lui impose le monde réel, l'esprit humain se crée encore un monde imaginaire sous forme de mille superstitions diverses. Celles-ci l'occupent de toutes façons ; il y consacre le meilleur de son temps et de ses forces, dès que le monde réel lui accorde un repos qu'il n'est pas capable de goûter. On peut constater ce fait à l'origine, chez les peuples qui, placés sous un ciel doux et sur un sol clément, ont une existence facile, tels que les Hindous, puis les Grecs, les Romains, plus tard les Italiens, les Espagnols, etc. — L'homme se fabrique des démons, des dieux et des saints à son image; ils exigent à tout moment des sacrifices, des prières, des ornements, des vœux formés et exécutés, des pèlerinages, des prosternations, des tableaux et des parures, etc. Fiction et réalité s'entremêlent à leur service, et la fiction obscurcit la réalité ; tout événement dans la vie est accepté comme une manifestation de leur puissance. Les entretiens mystiques avec ces divinités remplissent la moitié des jours, ils soutiennent sans cesse l'espérance; le charme de l'illusion les rend souvent plus intéressants que la fréquentation des êtres réels. Quelle expression et quel symptôme de la misère innée de l'homme, de l'urgent besoin qu'il a de secours et d'assistance, d'occupation et de passe-temps ! et, bien qu'il perde des forces utiles et des instants précieux en vaines prières et en vains sacrifices au lieu de s'aider lui-même, quand les dangers imprévus surgissent tout à coup, il ne cesse pourtant de s'occuper et de se distraire dans cet entretien fantastique avec un monde d'esprits qu'il rêve ; c'est là l'avantage des superstitions, avantage qu'il ne faut pas dédaigner. — (W. I. 380.)

Pour dompter les âmes barbares et les détourner de l'injustice et de la cruauté, ce n'est pas la vérité qui est utile, car ils ne peuvent la concevoir ; c'est donc l'erreur, un conte, une parabole. De là vient la nécessité d'enseigner une foi positive. — (M. 349.)

Quand on compare à la pratique des fidèles l'excellente morale que prêche la religion chrétienne et plus ou moins toute religion, et que l'on se représente ce qu'il adviendrait de cette morale, si le bras séculier n'empêchait pas les crimes, et ce que nous aurions à craindre, si pour un seul jour on supprimait toutes les lois, l'on avouera que l'action de toutes les religions sur la moralité est en réalité très faible. Assurément la faute en est à la faiblesse de la foi. Théoriquement et tant qu'on s'en tient aux méditations pieuses, chacun se croit ferme dans sa foi. Mais l'acte est la dure pierre de touche de toutes nos convictions : quand on en vient aux actes et qu'il faut prouver sa foi par de grands renoncements et de durs sacrifices, c'est alors qu'on en voit apparaître toute la faiblesse. Lorsqu'un homme médite sérieusement un délit, il fait déjà une brèche à la moralité pure. La première considération qui l'arrête ensuite, c'est celle de la justice et de la police. S'il passe outre, espérant s'y soustraire, le second obstacle qui se présente alors, c'est la question d'honneur. Si on le franchit, il y a beaucoup à parier qu'après avoir triomphé de ces deux résistances puissantes, un dogme religieux quelconque n'aura pas assez de force pour empêcher d'agir. Car si un danger prochain, assuré, n'effraie pas, comment se laisserait-on tenir en bride par un danger éloigné et qui ne repose que sur la foi. — **(L. 23.)**

Ce qu'il y avait de morale dans la religion des Grecs se réduisait à bien peu de chose, tout se bornait à peu près au respect du serment, il n'y avait ni morale ni dogmes officiels ; pourtant nous ne voyons pas que la généralité des Grecs ait été moralement inférieure aux hommes des siècles chrétiens. La morale du christianisme est infiniment supérieure à toutes celles des autres religions qui ont jamais paru en Europe ; mais qui pourrait croire que la moralité des Européens se soit améliorée dans la même proportion, ou même qu'elle soit actuellement supérieure à celle des autres pays ; ce serait là une grande erreur ; car on trouve chez les mahométans, les guèbres, les hindous et les bouddhistes pour le moins autant d'honnêteté, de fidélité, de tolérance, de douceur, de bienfaisance, de générosité, d'abnégation que chez les autres peuples chrétiens. De plus, elle serait longue la liste des cruautés barbares qui ont accompagné le christianisme, croisades injustifiables, extermination d'une grande partie des habitants primitifs de l'Amérique et colonisation de cette partie du monde avec des nègres esclaves, arrachés sans droit, sans l'ombre d'un droit, à leur patrie, à leur famille, à leur sol natal et condamnés toute leur vie à un travail de galériens, persécution infatigable des hérétiques, tribunaux d'inquisition qui crient vengeance au ciel, nuit de la Saint-Barthélemy, exécution de 18000 Hollandais par le duc d'Albe, etc., etc......... autant de faits peu favorables qui laissent dans l'incertitude sur la supériorité du christianisme. — (E. 234.)

La religion catholique est une instruction pour mendier le ciel, qu'il serait trop incommode de mériter. Les prêtres sont les intermédiaires de cette mendicité. — (M. 349.)

La confession fut une heureuse pensée ; car vraiment chacun de nous est un juge moral parfait et compétent, connaissant exactement le bien et le mal, et même un saint, quand il aime le bien et a horreur du mal. Cela est vrai de chacun de nous, pourvu que l'enquête porte sur les actions d'autrui et non sur les nôtres propres, et qu'il s'agisse seulement d'approuver et de désapprouver, et que les autres soient chargés de l'exécution. Aussi le premier venu peut-il comme confesseur prendre absolument la place de Dieu. — (N. 433.)

Les religions sont nécessaires au peuple, et sont pour lui un inestimable bienfait. Même lorsqu'elles veulent s'opposer au progrès de l'humanité dans la connaissance de la vérité, il faut les écarter avec tous les égards possibles. Mais demander qu'un grand esprit, un Gœthe, un Shakespeare, accepte avec conviction *impliciter, bona fide et sensu proprio*, les dogmes d'une religion quelconque, c'est demander qu'un géant chausse le soulier d'un nain. — (W. II. 185.)

En réalité, toute religion positive est l'usurpatrice du trône qui appartient à la philosophie. Aussi les philosophes seront-ils toujours en hostilité avec elle, quand bien même ils devraient la considérer comme un mal nécessaire, une béquille pour la faiblesse morbide de l'esprit de la plupart des hommes. — (M. 349.)

Dieu, dans la nouvelle philosophie, joue le rôle des derniers rois francs sous les maires du palais ; ce n'est qu'un nom que l'on conserve pour plus de profit et de commodité, afin de se pousser plus aisément dans le monde. — (N. 441.)

LA POLITIQUE

L'État, une muselière. — L'homme, une bête sauvage. — Anarchie ou despotisme. — Le roi. — Impudence des démagogues. — Misère inévitable. — Bonaparte et Robespierre. — Plans utopiques.

L'État n'est que la *muselière* dont le but est de rendre inoffensive cette bête carnassière, l'homme, et de faire en sorte qu'il ait l'aspect d'un herbivore. — (M. 302.)

L'homme est au fond une bête sauvage, une bête féroce. Nous ne le connaissons que dompté, apprivoisé en cet état qui s'appelle civilisation : aussi reculons-nous d'effroi devant les explosions accidentelles de sa nature. Que les verrous et les chaînes de l'ordre légal tombent n'importe comment, que l'anarchie éclate, c'est alors qu'on voit ce qu'est l'homme..— (L. 139.)

L'organisation de la société humaine oscille comme un pendule entre deux extrêmes, deux pôles, deux maux opposés : le despotisme et l'anarchie. Plus elle s'éloigne de l'un, plus elle se rapproche de l'autre. La pensée vous vient alors que le juste milieu serait le point convenable : quelle erreur ! Ces deux maux ne sont pas également mauvais et dangereux ; le premier est infiniment moins à craindre : d'abord les coups du despotisme n'existent qu'à l'état de possibilité, et lorsqu'ils se produisent en actes, ils n'atteignent qu'un homme entre des millions d'hommes. Quant à l'anarchie, possibilité et réalité sont inséparables : ses coups atteignent chaque citoyen et cela chaque jour. Aussi toute constitution doit se rapprocher beaucoup plus du despotisme que de l'anarchie : elle doit même contenir une légère possibilité de despotisme. — (N. 381.)

Le roi, au lieu du « Nous par la grâce de Dieu » pourrait dire plus justement : « Nous de deux maux le moindre. » Car sans roi les choses ne sauraient aller; il est la clef de voûte de l'édifice qui sans lui s'écroulerait. — (M. 198.)

Partout et en tout temps, il y a eu beaucoup de mécontentement contre les gouvernements, les lois et les institutions publiques ; cela vient de ce qu'on est toujours prêt à les rendre responsables de la misère inséparable de l'existence humaine, car elle a pour origine, selon le mythe, la malédiction que reçut Adam et avec lui toute sa race. Jamais pourtant cette tendance injuste n'a été exploitée d'une manière plus mensongère et plus impudente que par nos démagogues contemporains. Ceux-ci, en effet, en haine du christianisme, se proclament optimistes : à leurs yeux, le monde n'a point de but en dehors de lui-même, et, par sa nature, il leur semble organisé dans la perfection, un vrai séjour de la félicité. C'est aux seuls gouvernements qu'ils attribuent les misères colossales du monde qui crient contre cette théorie ; il leur semble que si les gouvernements faisaient leur devoir, le ciel existerait sur la terre, c'est-à-dire que tous les hommes pourraient sans peine et sans soucis se gorger, se soûler, se propager et crever : car c'est là ce qu'ils entendent quand ils parlent du progrès infini de l'humanité, dont ils font le but de la vie et du monde, et qu'ils ne se lassent pas d'annoncer en phrases pompeuses et emphatiques. — (P. II. 275.)

La race humaine est une fois pour toutes et par nature vouée à la souffrance et à la ruine ; quand bien même par le secours de l'État et de l'histoire on pourrait remédier à l'injustice et à la misère au point que la terre devienne une sorte de pays de cocagne, les hommes en arriveraient à s'entre-quereller par ennui, à se précipiter les uns sur les autres, ou bien l'excès de la population amènerait la famine et celle-ci les détruirait. — (M. 302.)

Il est extrêmement rare qu'un homme reconnaisse toute son effroyable malice dans le miroir de ses actions. D'ailleurs pensez-vous vraiment que Robespierre, Bonaparte, l'empereur du Maroc, les assassins sur la roue, soient seuls si mauvais entre tous ? Ne voyez-vous pas que beaucoup en feraient autant, si seulement ils le pouvaient ? — (M. 303.)

Bonaparte n'est pas à proprement parler plus méchant que beaucoup d'hommes, pour ne pas dire que la plupart des hommes. Il n'a que l'égoïsme tout à fait commun qui consiste à chercher son bien aux dépens des autres. Ce qui le distingue, c'est uniquement une plus grande force pour satisfaire cette volonté, une plus grande intelligence, une plus grande raison, un plus grand courage ; et le hasard lui donnait en outre un champ favorable. Grâce à toutes ces conditions réunies il fit pour son égoïsme ce que mille autres aimeraient bien à faire, mais ne peuvent faire. Tout méchant gamin qui, par sa malice, se procure un mince avantage au détriment de ses camarades, si faible que soit le dommage qu'il cause, est aussi mauvais que Bonaparte. — (M. 304.)

Voulez-vous des plans utopiques : la seule solution du problème politique et social serait le despotisme des sages et des nobles, d'une aristocratie pure et vraie, obtenue au moyen de la génération par l'union des hommes aux sentiments les plus généreux avec les

femmes les plus intelligentes et les plus fines. Cette proposition est mon utopie et ma république de Platon (1).
— (P. II. 273.)

(1) M. Renan expose une idée pareille dans ses *Dialogues philosophiques*.
(*Note du traducteur.*)

L'HOMME ET LA SOCIÉTÉ

Notre monde civilisé n'est qu'une mascarade. — Politesse. — Amitié grimaçante. — Le chien, unique ami de l'homme. — Orgueil et vanité. — Isolement du génie.

Les choses se passent dans le monde comme dans les comédies de Gozzi où les mêmes personnes paraissent toujours, avec les mêmes intentions et le même sort ; les motifs et les événements diffèrent sans doute dans chaque intrigue, mais l'esprit des événements reste le même, les personnages d'une pièce ne savent rien non plus de ce qui s'est passé dans l'autre, où ils étaient pourtant acteurs : aussi après toute l'expérience des comédies précédentes, Pantalone n'est devenu ni plus adroit ni plus généreux, ni Tartaglia plus honnête, ni Brighella plus courageux, ni Colombine plus vertueuse. — (W. I. 215.)

Notre monde civilisé n'est qu'une grande mascarade. On y rencontre des chevaliers, des moines, des soldats, des docteurs, des avocats, des prêtres, des philosophes, et que ne rencontre-t-on pas encore ? Mais ils ne sont pas ce qu'ils représentent : ce sont de simples masques sous lesquels se cachent la plupart du temps des spéculateurs d'argent (*moneymakers*). Tel prend aussi le masque de la justice et du droit avec le secours d'un avocat, pour mieux frapper son semblable ; tel autre, dans le même but, a choisi le masque du bien public et du patriotisme ; un troisième celui de la religion, de la foi immaculée. Pour toutes sortes de buts secrets, plus d'un s'est caché sous le masque de la philosophie, comme aussi de la philanthropie, etc. Les femmes ont moins de choix : elles se servent la plupart du temps du masque de la vertu, de la pudeur, de la simplicité, de la modestie. Il y aussi des masques généraux, sans caractère spécial, comme les dominos au bal masqué, et que l'on rencontre partout : ceux-là nous figurent l'honnêteté rigide, la politesse, la sympathie sincère et l'amitié grimaçante. La plupart du temps, il n'y a, comme je l'ai dit, que de purs industriels, commerçants, spéculateurs, sous tous ces masques. A ce point de vue la seule classe honnête est celle des marchands, car seuls ils se donnent pour ce qu'ils sont, et se promènent à visage découvert : aussi les a-t-on mis au bas de l'échelle. — (P. II. 226.)

Le médecin voit l'homme dans toute sa faiblesse ; le juriste le voit dans toute sa méchanceté ; le théologien, dans toute sa bêtise. — (P. II. 639.)

De même qu'il suffit d'une feuille à un botaniste pour reconnaître toute la plante, de même qu'un seul os suffisait à Cuvier pour reconstruire tout l'animal, ainsi une seule action caractéristique de la part d'un homme peut permettre d'arriver à une connaissance exacte de son caractère, et par conséquent de le reconstituer en une certaine mesure, quand bien même il s'agirait d'une chose insignifiante ; l'occasion n'en est que plus favorable : car dans les affaires importantes, les hommes sont sur leurs gardes, dans les petites choses, au contraire, ils suivent leur nature sans y songer beaucoup. Si quelqu'un, à propos d'une vétille, montre par sa conduite absolument égoïste, sans les moindres égards pour autrui, que le sentiment de justice est étranger à son cœur, qu'on se garde de lui confier un centime, sans prendre les sûretés suffisantes... D'après le même principe, il faut briser immédiatement avec ces gens qui s'appellent les bons amis quand ils trahissent, même dans les moindres choses, un caractère méchant, faux ou vulgaire, afin de prévenir par là les mauvais tours qu'ils pourraient vous jouer dans des affaires graves. J'en dirais autant des domestiques : plutôt seul qu'au milieu de traîtres. — (L. 151.)

Laisser paraître de la colère ou de la haine dans ses paroles ou sur son visage, cela est inutile, dangereux, imprudent, ridicule, commun. On ne doit trahir sa colère ou sa haine que par des actes. Les animaux à sang froid sont les seuls qui aient du venin. — (P. I. 497.)

Politesse est prudence, impolitesse, une stupidité : se faire des ennemis aussi inutilement et de gaîté de cœur, c'est du délire, comme lorsque l'on met le feu à sa maison. Car la politesse est comme les jetons, une monnaie notoirement fausse ; être économe de cette monnaie, c'est un manque d'esprit ; en être prodigue au contraire, c'est faire preuve de bon sens. — (L. 217.)

Notre confiance envers les hommes n'a très souvent d'autres causes que la paresse, l'égoïsme et la vanité : la paresse, quand l'ennui de réfléchir, de veiller, d'agir, nous porte à nous confier à quelqu'un ; l'égoïsme, quand le besoin de parler de nos affaires nous excite à faire des confidences ; la vanité, quand nous avons quelque chose d'avantageux à dire sur notre compte. Nous n'exigeons pas moins qu'on nous fasse honneur de notre confiance. — (P. I. 491.)

Il est prudent de faire sentir de temps en temps aux gens, hommes et femmes, que l'on peut fort bien se passer d'eux : cela fortifie l'amitié ; et même près de la plupart des hommes, il n'est pas mauvais de glisser de temps en temps dans la conversation une nuance de dédain à leur égard ; ils font d'autant plus de cas de notre amitié : *chi non istima vien stimato*, qui n'estime pas est estimé, dit un proverbe italien. Si quelqu'un a beaucoup de valeur réelle à nos yeux, il faut le lui cacher comme si c'était un crime. Voilà qui n'est pas précisément réjouissant; mais il en est ainsi. C'est à peine si les chiens supportent la grande amitié : bien moins encore les hommes. — (P. I. 480.)

———

Le chien, l'unique ami de l'homme, a un privilège sur tous les autres animaux, un trait qui le caractérise, c'est ce mouvement de queue si bienveillant, si expressif et si profondément honnête. Quel contraste en faveur de cette manière de saluer que lui a donnée la nature, quand on la compare aux courbettes et aux affreuses grimaces que les hommes échangent en signe de politesse : cette assurance de tendre amitié et de dévouement de la part du chien est mille fois plus sûre, au moins pour le présent. — (L. 53.)

———

Ce qui me rend si agréable la société de mon chien, c'est la transparence de son être. Mon chien est transparent comme le verre. — (M. 140.) S'il n'y avait pas de chiens, je n'aimerais pas à vivre. — (M. 170.)

———

Rien ne trahit mieux l'ignorance du monde que d'alléguer comme une preuve des mérites et de la valeur d'un homme qu'il a beaucoup d'amis : comme si les hommes accordaient leur amitié d'après la valeur et le mérite ! comme s'ils n'étaient pas au contraire semblables aux chiens qui aiment celui qui les caresse ou leur donne seulement des os, sans plus de sollicitude.

— Celui qui sait le mieux caresser les hommes, fussent-ils les bêtes les plus vilaines, celui-là a beaucoup d'amis. — (M. 257.)

« Ni aimer, ni haïr, » c'est la moitié de la sagesse humaine: « ne rien dire et ne rien croire » l'autre moitié. Mais avec quel plaisir on tourne le dos à un monde qui exige une pareille sagesse. — (P. I. 496.)

Les amis se disent sincères; ce sont les ennemis qui le sont : aussi devrait-on prendre leur critique comme une médecine amère, et apprendre par eux à se mieux connaître. — (P. I. 489.)

Il peut arriver que nous regrettions la mort de nos ennemis et de nos adversaires, même après nombre d'années, presque autant que celle de nos amis, — c'est quand nous trouvons qu'ils nous manquent pour être témoins de nos éclatants succès. — (P. II. 621.)

La différence entre la vanité et l'orgueil, c'est que l'orgueil est une conviction bien arrêtée de notre supériorité en toutes choses; la vanité au contraire est le désir d'éveiller chez les autres cette persuasion, avec une secrète espérance de se laisser à la longue convaincre soi-même. L'orgueil a donc son origine dans une conviction intérieure et directe que l'on a de sa propre valeur; au contraire, la vanité cherche un appui dans l'opinion du dehors pour arriver à l'estime de soi-même. La vanité rend bavard, l'orgueil rend silencieux. Mais l'homme vain devrait savoir que la haute opinion des autres, objet de ses efforts, s'obtient beaucoup plus aisément par un silence continu que par la parole, quand même on aurait les plus belles choses à dire. — N'est pas orgueilleux qui veut, tout au plus peut-on simuler l'orgueil, mais comme tout rôle de convention, ce rôle-là ne pourra être soutenu jusqu'au bout. Car c'est seulement la conviction ferme, profonde, inébranlable que l'on a de posséder des qualités supérieures et exceptionnelles, qui rend réellement orgueilleux. Cette conviction a beau être erronée, ou bien encore ne reposer que sur des avantages extérieurs et de convention, cela ne nuit en rien à l'orgueil, si elle est sérieuse et sincère. Car l'orgueil a ses racines dans notre conviction, et il ne dépend pas, non plus que toute autre connaissance, de notre bon plaisir. Son pire ennemi, j'entends son plus grand obstacle, est la vanité, qui ne brigue les applaudissements d'autrui que pour édifier une haute opinion de soi-même, tandis que l'orgueil fait supposer que ce sentiment est déjà entièrement affermi en nous.

Bien des gens blâment et critiquent l'orgueil; ceux-là sans doute n'ont rien en eux-mêmes qui puisse les rendre fiers. — (P. I. 379.)

La nature est ce qu'il y a de plus aristocratique au monde : toute différence que le rang ou la richesse en

Europe, les castes dans l'Inde établissent entre les hommes, est petite en comparaison de la distance qu'au point de vue moral et intellectuel la nature a irrévocablement fixée; et, dans l'aristocratie de la nature comme dans les autres aristocraties, il y a dix mille plébéiens pour un noble et des millions pour un prince; la grande foule, c'est le tas, *plebs, mob, rabble, la canaille.*

C'est pourquoi, soit dit en passant, les patriciens et les nobles de la nature devraient aussi peu que ceux des États se mêler à la populace, mais vivre d'autant plus séparés et inabordables qu'ils sont plus élevés. — (N. 382.)

La tolérance que l'on remarque et que l'on loue souvent chez les grands hommes n'est toujours que le résultat du plus profond mépris pour le reste des humains: lorsqu'un grand esprit est tout à fait pénétré de ce mépris, il cesse de considérer les hommes comme ses semblables, et d'exiger d'eux ce qu'on exige de ses semblables. Il est alors aussi tolérant envers eux qu'envers tous les autres animaux, auxquels nous n'avons pas à reprocher leur déraison et leur bestialité. — (N. 359.)

Quiconque a une idée de la beauté soit physique soit intellectuelle n'éprouve, à la vue ou à la connaissance nouvelle de cet être qu'on appelle un homme, d'autre impression, cent fois contre une, que celle d'un échantillon tout à fait nouveau, vraiment original et qu'il n'aurait jamais imaginé, d'un être composé de laideur, de platitude, de vulgarité, de perversité, de bêtise, de méchanceté. Quand je me trouve au milieu de nouveaux visages, cela me rappelle la tentation de saint Antoine de Téniers et des tableaux analogues, où à chaque nouvelle difformité monstrueuse que je vois, j'admire la nouveauté des combinaisons imaginées par le peintre.

C'est la malédiction de l'homme de génie que, dans la mesure même où il semble aux autres grand et admirable, ceux-ci lui paraissent à leur tour petits et pitoyables. Il lui faut pendant toute sa vie réprimer cette opinion, comme les autres répriment la leur. Cependant il est condamné à vivre dans une île déserte, où il ne rencontre personne de pareil à lui, et qui n'a d'autres habitants que des singes et des perroquets. Et toujours il est victime de cette illusion, qui lui fait prendre de loin un singe pour un homme. — (N. 359.)

Je dois l'avouer sincèrement : la vue de tout animal me réjouit aussitôt et m'épanouit le cœur ; surtout la vue des chiens, et puis de tous les animaux en liberté, des oiseaux, des insectes, etc. Au contraire, la vue des hommes excite presque toujours en moi une aversion prononcée ; car ils m'offrent à peu d'exceptions près le spectacle des difformités les plus affreuses et les plus variées : laideur physique, expression morale de passions basses et d'ambition méprisable, symptômes de folie et de perversités de toutes sortes et de toutes grandeurs ; enfin une corruption sordide, fruit et résultat d'habitudes dégradantes ; aussi je me détourne d'eux et je fuis vers la **nature**. heureux d'y rencontrer les bêtes. — (N. 451.)

CARACTÈRE DES DIFFÉRENTS PEUPLES

Italiens. — Américains. — Anglais. — Juifs. — Français. — Allemands.

Le trait dominant dans le caractère national des Italiens, c'est une impudence absolue qui vient de ce qu'ils ne se considèrent comme n'étant ni au-dessous ni au-dessus de rien, c'est-à-dire qu'ils sont tour à tour arrogants et effrontés, ou bien vils et bas. Quiconque, au contraire, a de la pudeur est pour certaines choses trop timide, pour d'autres trop fier. L'Italien n'est ni l'un ni l'autre, mais d'après les circonstances tour à tour poltron ou insolent. — (M. 349.)

Le caractère propre de l'Américain du Nord, c'est la vulgarité sous toutes les formes : morale, intellectuelle, esthétique et sociale ; et non pas seulement dans la vie privée, mais aussi dans la vie publique : elle n'abandonne pas le Yankee, qu'il s'y prenne comme il voudra. Il peut dire d'elle ce que Cicéron dit de la science : *nobiscum peregrinatur*, etc. C'est cette vulgarité qui l'oppose si absolument à l'Anglais (1) : celui-ci, au contraire, s'efforce toujours d'être noble en toutes choses ; et c'est pour cela que les Yankees lui semblent si ridicules et si antipathiques. Ils sont à proprement parler les plébéiens du monde entier. Cela peut tenir en partie à la constitution républicaine de leur État, en partie à ce qu'ils tirent leur origine d'une colonie pénitentiaire, ou qu'ils descendent de certaines gens qui avaient des raisons de fuir l'Europe ; le climat peut y être pour quelque chose. — (N. 385.)

Les Juifs sont le peuple choisi de Dieu. — C'est fort possible, mais les goûts diffèrent : ils ne sont pas mon peuple choisi. *Quid multa ?* les Juifs sont le peuple choisi de leur Dieu, et il est le Dieu choisi de son peuple : et cela ne regarde personne. — (M. 467.)

Le bon Dieu, prévoyant dans sa sagesse que son peuple choisi serait dispersé dans le monde entier, donna à tous ses membres une odeur spécifique qui leur permit de se reconnaître et de se retrouver partout, c'est le *fœtor judaicus* (2). — (M. 467.)

---

(1) Schopenhauer reprochait aux Anglais leur *infâme bigoterie* « qui, disait-il, a dégradé la plus intelligente et peut-être la première nation de l'Europe, au point qu'il serait temps d'envoyer en Angleterre, contre les Révérends, des missionnaires de la Raison, avec les écrits de Strauss dans une main, et la critique de Kant dans l'autre. » (Ribot. Schopenhauer, p. 3.) — Il traite les Révérends d'*imposteurs*, d'*hypocrites*, et d'*hommes d'argent*, qui dévorent chaque année 3, 500, 000 livres sterling. (Gwinner, p. 24.)

(2) *Puanteur juive*. — Schopenhauer, idéaliste et pessimiste, avait une

Les autres parties du monde ont des singes ; l'Europe a des Français. Cela se compense. — (N. 386.)

On a reproché aux Allemands d'imiter tantôt les Français, tantôt les Anglais ; mais c'est justement ce qu'ils peuvent faire de plus fin, car, réduits à leurs propres ressources, ils n'ont rien de sensé à vous offrir. — (N. 387.)

Aucune prose ne se lit aussi aisément et aussi agréablement que la prose française... L'écrivain français enchaîne ses pensées dans l'ordre le plus logique et en général le plus naturel, et les soumet ainsi successivement à son lecteur, qui peut les apprécier à l'aise, et consacrer à chacune son attention sans partage. L'Allemand, au contraire, les entrelace dans une période embrouillée et archi-embrouillée, parce qu'il veut dire six choses à la fois, au lieu de les présenter l'une après l'autre. — (P. II. 577.)

Les Allemands se distinguent des autres nations par leur négligence dans le style aussi bien que dans le vêtement, et c'est le caractère national qui est responsable

---

si grande haine contre les Juifs, race optimiste, à l'esprit positif, qu'il professait pour « le grand roi Nabuchodonosor, » leur oppresseur, l'amour le plus sincère, la plus profonde vénération, lui faisant seulement un reproche de les avoir trop épargnés. — Il appelle encore Israël le *Jean sans Terre* entre tous les peuples.

de ce double désordre. De même qu'une mise abandonnée trahit le peu d'estime que l'on fait de la société où l'on se montre, ainsi un mauvais style, négligé, lâché, témoigne un mépris offensant pour le lecteur, qui se venge à bon droit en ne vous lisant pas. Ce qu'il y a surtout de réjouissant, c'est de voir les critiques juger les œuvres d'autrui dans leur style débraillé d'écrivains à gages. Cela fait l'effet d'un juge qui siégerait au tribunal en robe de chambre et en pantoufles. — (P. II. 576.)

Le véritable caractère national des Allemands, c'est la lourdeur : elle éclate dans leur démarche, dans leur manière d'être et d'agir, leur langue, leurs récits, leurs discours, leurs écrits, dans leur façon de comprendre et de penser, mais tout spécialement dans leur style. Elle se reconnaît au plaisir qu'ils trouvent à construire de longues périodes, lourdes, embrouillées. La mémoire est obligée de travailler seule, patiemment, pendant cinq minutes, pour retenir machinalement les mots comme une leçon qu'on lui impose, jusqu'au moment où, à la fin de la période, le sens se dégage, l'intelligence prend son élan et l'énigme est résolue. C'est à ce jeu qu'ils excellent, et quand ils peuvent ajouter du précieux, de l'emphatique et un air grave, plein d'affectation, σεμνότης, ils nagent alors dans la joie : mais que le ciel donne patience au lecteur. Ils s'étudient tout spécialement à trouver toujours les expressions les plus indécises et les plus impropres, de sorte que tout apparaît comme dans le brouillard : leur but semble être de se ménager à chaque phrase une porte de sortie, puis de se donner le genre de paraître en dire plus qu'ils n'en ont pensé ; enfin ils sont stupides et ennuyeux comme des bonnets de nuit ; et c'est justement ce qui rend haïssable la manière d'écrire des Allemands à tous les étrangers, qui n'aiment pas à tâtonner dans l'obscurité ; c'est au contraire chez nous un goût national. — (P. II. 578.)

Lichtenberg compte plus de cent expressions allemandes pour exprimer l'ivresse ; quoi d'étonnant, les Allemands n'ont-ils pas été, depuis les temps les plus reculés, fameux pour leur ivrognerie. Mais ce qui est extraordinaire, c'est que dans la langue de la nation allemande, renommée entre toutes pour son honnêteté, on trouve plus que dans toute autre langue des expressions pour exprimer la tromperie et la plupart du temps elles ont un air de triomphe, peut-être parce que l'on considère la chose comme très-difficile. — (N. 386.)

En prévision de ma mort, je fais cette confession que je méprise la nation allemande à cause de sa bêtise infinie, et que je rougis de lui appartenir. — (M. 399.)

TABLE DES MATIÈRES

PRÉFACE

I. — VIE ET OPINIONS D'ARTHUR SCHOPENHAUER.

Un Montaigne allemand. — Premiers voyages. — Variété d'études. — Philosophe et gentleman. — Contrastes. — Vie réglée. — Symptômes morbides. — Maladie du siècle.
Le penseur. — Opinions sur la philosophie, la théologie, la politique, l'amour, la valeur réelle de l'existence.
L'écrivain. — Citations et emprunts. — Comment il compose.
L'homme. — Ni saint, ni ascète.
Retentissement de ses doctrines   5

II. — FRAGMENTS DE CORRESPONDANCE.

La philosophie de Schopenhauer. — Révolution de 1848. — Le choléra. — Idées de mariage. — Magnétisme. — Enthousiasme des premiers disciples. — L'épopée des portraits. — Haine contre les professeurs de philosophie, les matérialistes et les spiritualistes. — Éloge de Bichat. — Opinion sur M. Taine, M. Littré, etc   31

PENSÉES ET FRAGMENTS

DOULEURS DU MONDE

I. — La douleur seule est positive. — Tourments de l'existence. — Le néant préférable à la vie. — L'objet de la philosophie n'est pas de consoler. — Optimisme de Leibnitz, insoutenable. — Péché originel. — Le monde, un lieu de pénitence . .   51

II. — Désillusions. — Vaines promesses de bonheur. — Douleurs sans trêve et sans repos, métamorphoses de la souffrance : la misère et l'ennui. — La vie est un spectacle tragi-comique, sous le règne du hasard et de l'erreur. — L'enfer du Dante et l'enfer du monde. — Dernier but et dernier naufrage.   63

L'AMOUR

I. — MÉTAPHYSIQUE DE L'AMOUR.

L'amour, sujet jusqu'alors réservé aux romanciers et aux poètes. Insuffisance des philosophes qui en ont traité. Il faut l'étudier dans la vie réelle.

Son rôle, son importance, intérêt universel qu'il inspire.

Tout amour vulgaire ou éthéré a sa source dans l'instinct sexuel. Son but est la procréation d'un certain enfant déterminé : il fixe ainsi la génération future.

La nature de l'instinct est d'agir dans l'intérêt de l'espèce aux dépens de l'individu. L'instinct abuse l'être égoïste d'une illusion décevante pour arriver à ses fins. Il guide, dans l'amour, le choix de l'homme et de la femme vers les qualités physiques et morales les plus propres à assurer la reproduction, le maintien ou le redressement du type intégral de l'espèce, sans aucun égard pour le bonheur des personnes.

De ce conflit entre le génie de l'espèce et les génies protecteurs des individus viennent le sublime et le pathétique de l'amour. Issue tragique de l'amour malheureux, déceptions de l'amour satisfait.

Les amants sont des traîtres qui en perpétuant la vie perpétuent la douleur.

Daphnis et Chloé, dialogue.

Sérieux de la volupté 81

II. — ESSAI SUR LES FEMMES.

Leur destinée. — Beauté passagère. — Précocité, limites de leur intelligence. Elles vivent plus que l'homme dans le présent, elles sont plus portées vers la pitié que vers la justice ; le mensonge est la défense naturelle de leur faiblesse.

Les passions des femmes servent les intérêts de l'espèce. Leur rivalité vient de leur vocation unique.

Au fond, ce sexe laid n'a pas le sentiment du beau. Si elles affectent d'aimer les arts, c'est uniquement par désir de plaire.

La *dame* en Occident.

Le mariage, un piège et une servitude.

L'honneur des femmes. 129

LA MORT

L'amour et la mort. — C'est à l'humanité et non à des individualités chétives et misérables, qu'on peut assurer la durée. — Ce que le sommeil est pour l'individu, la mort l'est pour l'espèce. — La volonté seule est indestructible. — Éternité de la matière. — Souveraine indifférence de la nature devant la ruine des êtres qui, par la mort, retombent dans son sein 147

L'ART

L'art est une délivrance. Il affranchit du vouloir et par suite de la douleur. — Il rend les images de la vie pleines de charme. — Sa mission est d'en reproduire tous les aspects, toutes les nuances. — Poésie lyrique. — Tragédie, comédie. — Peinture. — Musique ; l'action du génie y est plus sensible que partout ailleurs. 155

LA MORALE

Trois degrés, l'égoïsme, la pitié, l'ascétisme.
L'égoïsme est sans bornes ; c'est pour le dissimuler que les hommes ont inventé la politesse, c'est pour le régler et le contraindre qu'ils ont institué l'État.
La pitié, seul fondement de la morale, naît du sentiment de l'identité de tous les hommes et de tous les êtres, et doit s'étendre aux animaux.
L'ascétisme s'élève jusqu'au renoncement volontaire, jusqu'à la chasteté absolue, jusqu'à la négation du vouloir vivre. L'art n'est qu'une délivrance passagère, l'ascétisme c'est la libération définitive ; il procure la paix durable. Accord entre les ascètes de toutes les religions et de tous les temps. 167

PENSÉES DIVERSES

LA RELIGION

La mort, mère de la religion. — Besoin métaphysique. — Nécessité d'une foi positive. — Insuffisance pratique de la morale religieuse. — Catholicisme. — Conflit de la religion et de la philosophie 197

LA POLITIQUE

L'État, une muselière. — L'homme, une bête sauvage. — Anarchie ou despotisme. — Le roi. — Impudence des démagogues. — Misère inévitable. — Bonaparte et Robespierre. — Plans utopiques. 205

L'HOMME ET LA SOCIÉTÉ

Notre monde civilisé n'est qu'une mascarade. — Politesse. — Amitié grimaçante. — Le chien, unique ami de l'homme. — Orgueil et vanité. — Isolement du génie 211

CARACTÈRE DES DIFFÉRENTS PEUPLES

Italiens. — Américains. — Anglais. — Juifs. — Français. — Allemands. 221

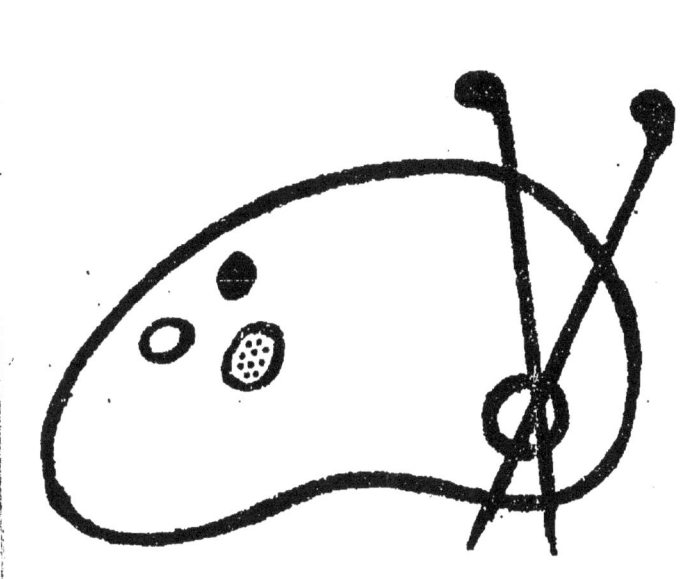

Original en couleur

NF Z 43-120-8

www.ingramcontent.com/pod-product-compliance
Lightning Source LLC
Chambersburg PA
CBHW071942160426
43198CB00011B/1507